LEBEN WIE
EIN MÖNCH

Danièle Cybulskie

Illustrationen von Anna Lobanova

LEBEN WIE EIN
MÖNCH

Wie Sie die Weisheit
des Mittelalters
für Ihren Alltag nutzen

FBV

Bibliografische Information der Deutschen Nationalbibliothek:
Die Deutsche Nationalbibliothek verzeichnet diese Publikation in der Deutschen Nationalbibliografie.
Detaillierte bibliografische Daten sind im Internet über http://d-nb.de abrufbar.

Für Fragen und Anregungen:
info@finanzbuchverlag.de

1. Auflage 2023

© 2023 by FinanzBuch Verlag, ein Imprint der Münchner Verlagsgruppe GmbH
Türkenstraße 89
80799 München
Tel.: 089 651285-0
Fax: 089 652096

Übersetzung: Maria Zettner
Redaktion: Silke Panten
Korrektorat: Anke Schenker
Umschlaggestaltung: Karina Braun, in Anlehnung an das Cover der Originalausgabe
Illustrationen Innenteil: © Anna Lobanova
Satz: Zerosoft, Timisoara
Druck: Florjancic Tisk d.o.o., Slowenien
Printed in the EU

ISBN Print 978-3-95972-633-7
ISBN E-Book (PDF) 978-3-98609-213-9
ISBN E-Book (EPUB, Mobi) 978-3-98609-214-6

Wir produzieren
nachhaltig
www.m-vg.de

— *Weitere Informationen zum Verlag finden Sie unter* —

www.finanzbuchverlag.de

Beachten Sie auch unsere weiteren Verlage unter www.m-vg.de

INHALT

AD REGULAM 7

1
PFLANZEN- UND SEELENPFLEGE 29

2
MINIMALISMUS ALS IDEAL 47

3
DER BLICK NACH INNEN 77

4
DER BLICK NACH DRAUSSEN 109

5
ALLES IN MASSEN, AUCH DIE MÄSSIGUNG 133

AD MELIORA 151

Glossar 157

Literaturverzeichnis 163

Register 167

Abbildungsnachweis 172

Anmerkungen 173

*Dieses Buch widme ich meiner Urgroßmutter Freda Horton,
die sich ebenso sehr durch kernige Weisheit und modisches
Gespür auszeichnete wie durch Mut und Liebe.*

Danièle Cybulskie

AD REGULAM

... befolge mit Christi Hilfe diese einfache Regel für Anfänger. So wirst du schließlich ... zu den ... erhabeneren Höhen der Weisheit und Tugend gelangen.

Benedikt von Nursia,
Die Mönchsregel des heiligen Benedikt

Die Idee zu diesem Buch kam auf, lange bevor sich COVID-19 über die Welt ausbreitete und viele von uns zwang, sich vorübergehend gewissermaßen wie Mönche in ein weltabgeschiedenes Leben zurückzuziehen. Die soziale Isolierung im Zuge der Pandemie hatte aber auch ihr Gutes: Sie vermittelte uns eine Ahnung davon, warum das Klosterleben schon seit etwa zwei Jahrtausenden viele Menschen so fasziniert und inwiefern es beson-

Auch wenn einige Eremiten wie der heilige Antonius (hier abgebildet mit dem heiligen Hieronymus) aus eigener Kraft ein religiöses Leben zu führen vermochten, bildeten sich Klostergemeinschaften, in denen sich Versuchungen leichter widerstehen ließ.

Quelle: Das Almugavar-Stundenbuch, Fol. 276v, um 1510–1520 (Detail); Walters Art Museum, Baltimore, W.420.

ders gut ins Mittelalter, die Zeitspanne von etwa 500 bis 1500, passte.

Die Ersten, die das praktizierten, was sich später zum klösterlichen Leben auswuchs, waren die Wüstenväter der Spätantike. Sie sonderten sich so weit wie möglich von der Gesellschaft ab, um ihre gesamte Zeit in religiöser Kontemplation zu verbringen. Diese Eremiten kämpften, wie ihre Biografen uns überliefern, nach Kräften gegen die Macht des Teufels an, um ein aus ihrer Sicht reines und tugendhaftes Leben führen zu können. Für viele galten sie damit als Inbegriff der Frömmigkeit, und mehrere von ihnen, unter ihnen der heilige Antonius, erlangten den Stand der Heiligkeit.

Wie die Isolation, die uns ab dem Jahr 2020 auferlegte wurde, viele von uns lehrte, kann es sehr schwer sein, einer Versuchung zu widerstehen, wenn man ihr ganz allein ausgeliefert ist. Von den vielen Versuchen mit Sauerteigbrot, die uns zur genüsslichen Völlerei verführten, bis zu den Serienmarathons bei Netflix, die uns zur Trägheit verleiteten, wurde uns wieder neu bewusst, dass sich gute Vorsätze nur mit äußerster Mühe aufrechterhalten lassen, wie groß unser Verlangen auch sein mag, das Rechte zu tun.

Die frühen Christen erkannten (wie vor ihnen und nach ihnen auch Angehörige anderer Religionen), dass gerade bei Anfechtungen der eigenen Person oftmals Einigkeit stark macht. Deshalb bildeten sie Gemeinschaften von Menschen, die auf dem Pfad der Tugend wandeln wollten, dafür aber die Unterstützung anderer benötigten. Im Prinzip entschieden sie sich dafür, Einsiedler in Gemeinschaft zu sein. Auf diese Weise entstanden die ersten christlichen Klöster.

Das Klosterleben hat im Lauf von fast zwei Jahrtausenden etliche Wandlungen durchlaufen, während die einzelnen Mönche, Gemeinschaften und Päpste mit den Herausforderungen zurechtzukommen versuchten, die es mit sich bringt, wenn Dutzende – oder gar Hunderte – von Menschen sich bemühen, miteinander als Einsiedler ein Leben ohne Sünde zu führen. Seine Blütezeit erlebte das europäische Mönchtum im Mittelalter, deshalb sind es die Brüder und Schwestern aus dieser Zeit, von denen wir uns anregen lassen wollen für ein Leben im klösterlichen Geist.

Falls Sie mit dem Gedanken spielen, sich einer Klostergemeinschaft anzuschließen, um mit ganzem Herzen dem Willen Gottes zu dienen, ist dieses Buch möglicherweise nicht ganz das Richtige für Sie. Man kann aber durchaus sagen, dass viele von uns sich nach Frieden, Einfachheit und Sinn in ihrem Leben sehnen, und

auf genau diesen Prinzipien baut das Klosterleben auf.
Wenn Sie also *wie* ein Mönch leben möchten und nicht
als Mönch, finden Sie auf den folgenden Seiten Tipps,
wie der Alltag in mittelalterlichen Klöstern Ihnen dabei
helfen kann, *ad regulam* zu leben – nach Regeln, die wir
selbst gestalten, in Übereinstimmung mit unseren Zielen und Werten.

Was ist ein Mönch?

> *Geht ein Mensch alleine über einen schlüpfrigen Pfad,
> rutscht er bald aus und fällt. Gehen jedoch viele ge-
> meinsam, und einer hält die Hand des anderen, zieht
> der Nächste den, der ins Rutschen gerät, wieder hoch,
> noch bevor er so recht fallen kann; und wenn sie müde
> werden, wird ein jeder vom anderen gestützt.*
>
> The Ancren Riwle

Bevor wir entscheiden, ob wir leben wollen wie die
Mönche, empfiehlt es sich, erst einmal zu klären,
was ein Mönch überhaupt ist.[1] Im Mittelalter gab es viele verschiedene Arten von Geistlichen, die sich aber in
zwei grundlegende Kategorien einteilen lassen. Zum
einen waren da die Säkularkleriker, die innerhalb der
größeren Gemeinde wirkten. Dazu gehörten Pfarrer,
Kapläne und Bischöfe ebenso wie die Geistlichen, die
in weltlichen (also nicht kirchlichen) Berufen, zum Beispiel als Schreiber oder Kopisten, arbeiteten. Die zweite
Kategorie bildeten die Regularkleriker (nach dem lateinischen Wort regula = Regel), die sich einer (Ordens-)
Regel verpflichtet hatten. Das waren überwiegend Menschen, die als Mönche oder Nonnen in einer geschlos-

senen Gemeinschaft lebten. Es gehörten aber auch die Bettelorden dazu, deren Mitglieder predigend und um Almosen bittend durch die Lande zogen. Typische Bettelorden sind die Franziskaner, die Dominikaner und die Augustiner. Bruder Tuck aus den Robin-Hood-Geschichten hatte eine Tonsur und trug eine Kutte, doch als Bettelmönch lebte er unter den Menschen und nicht von ihnen getrennt. Er war dementsprechend kein (Klausur-)Mönch. Obwohl die Angehörigen von Ritterorden wie die Templer oder die Malteser ebenfalls Gelübde ablegten und Regeln befolgten, galten sie nicht als Mönche. Doch das ist alles Theorie, und viele Bettelmönche verbrachten ihre Zeit zum Großteil, wenn nicht gar vollständig, hinter Klostermauern und nicht auf der Straße. Eine detailreiche Quelle aus einem Augustinerhaus in England gibt uns einen aufschlussreichen Einblick in den Alltag der Ordensbrüder, die sich für ein Leben hinter Klostermauern entschieden hatten. Doch dazu später mehr.

Innerhalb ihrer geschlossenen Gemeinschaften lebten die Mönche und Nonnen nach einem festen Regelwerk, das alles vorschrieb, von den Gebets- und Essenszeiten bis hin zu Disziplinarmaßnahmen für aufmüpfige Mitbrüder. Für gewöhnlich befolgten sie drei Grundprinzipien: Armut, Keuschheit und Gehorsam. Die meisten mittelalterlichen Mönche richteten sich nach der *Mönchsregel des Heiligen Benedikt* aus dem 6. Jahrhundert, verfasst von Benedikt von Nursia, dem Abt des Klosters Montecassino in Italien. Während der Regierungszeit Kaiser Karls des Großen (um 747–814) war sie das A und O des klösterlichen Lebens. Die Gemeinschaft, die am strengsten nach dieser Regel lebte, waren die Benediktiner, andere Orden wie die Zisterzienser und die Cluniazenser folgten ihr mit leichten Abwandlungen.

Heutzutage sind die Klöster, die Wohn- und Arbeitsstätten der Ordensangehörigen, entweder ausschließlich von Männern oder ausschließlich von Frauen bewohnt. Im Mittelalter dagegen war es nicht unüblich, dass Mönchs- und Nonnengemeinschaften – selbstverständlich streng nach Geschlechtern getrennt – im selben Klosterbezirk untergebracht waren, häufig unter der Obhut einer Äbtissin, so etwa in der berühmten Abtei Fontevraud in Frankreich, der letzten Ruhestätte von Richard Löwenherz und seiner Mutter, Eleonore von Aquitanien.

Mönche und Nonnen lebten im Wesentlichen nach den gleichen Regeln, von einigen Ausnahmen abgesehen. So konnte eine Nonne, wie fromm und heiligmäßig sie auch sein mochte, beispielsweise nicht die Priesterweihe empfangen. Das bedeutete, dass jede Nonnengemeinschaft auf regelmäßige Besuche eines Priesters angewiesen war, damit er für sie die heilige Messe las, zu ihnen predigte und ihnen die Beichte abnahm.

Der Übersichtlichkeit halber ist in diesem Buch vorwiegend von »Mönchen« die Rede, es sollte aber nicht außer Acht gelassen werden, dass weibliche Ordensgemeinschaften in ganz ähnlicher Weise lebten.

Warum Mönch werden?

Es gibt viele Gründe für einen Ordenseintritt ... sehr viele gehen ins Kloster durch den Dienst anderer: zum Beispiel durch ein ermunterndes Wort, durch die Kraft des Gebetes, durch das vorbildhafte Leben im Orden.

Caesarius von Heisterbach, *Dialog über die Wunder*

Durch viele Köpfe geistert noch die Vorstellung, dass nur zwei Wege ins Kloster führten: Entweder zeichnete man sich durch überdurchschnittliche Frömmigkeit aus oder man war in seiner Familie das jüngere Kind ohne Aussicht auf ein Erbe und musste daher in die Obhut der Kirche übergeben werden. In Wirklichkeit gab es aber viele Gründe, die für ein Leben hinter Klostermauern sprachen.

Im Mittelalter war die Kirche die Institution, in der Jungen ihre Schulbildung erhielten, vor allem wenn sich ihre Familien keinen Hauslehrer leisten konnten. Wer mit einer klösterlichen Bildung aufwuchs, konnte als Erwachsener auf eine kirchliche oder auch eine weltliche Anstellung beispielsweise als Arzt oder Rechtsanwalt hoffen, die ihm ein gutes Einkommen garantierte. Sein Kind zur Erziehung in ein Kloster zu schicken war nicht unbedingt die Art von Ritualopfer, als die es in manchen Büchern oder Filmen dargestellt wird. Es ging weniger darum, dass Eltern sich davon besondere göttliche Gunst erhoffen konnten (auch wenn es den Aussichten im Jenseits sicherlich nicht abträglich sein würde), als darum, die Chancen des Kindes zu erhöhen, es in der Welt zu etwas zu bringen. Kinder, die auf Lebenszeit ins Kloster geschickt wurden, hießen Oblaten.

Obwohl Oblaten über eine ziemlich lange Zeit Bestandteil des klösterlichen Lebens waren, wurden Kinder hinter Klostermauern nicht von allen gutgeheißen. Sie waren Störfaktoren, laut und ausgelassen, wo sie ernsthaft sein sollten, und erforderten viel Aufmerksamkeit und Betreuung, was zulasten der Andachtsübungen der Mönche ging. Vielen war auch nicht wohl bei dem Gedanken, Kinder zu einem klösterlichen Leben zu verpflichten, bevor sie alt genug waren, selbst darüber zu entscheiden. Deshalb wurde am Ende offiziell festgelegt, dass Oblaten, wenn sie wollten, das Kloster wieder verlassen konnten, statt im späteren Jugendalter ihre Gelübde abzulegen. Manche Kinder landeten auch unter anderen Vorzeichen (entweder vorübergehend oder dauerhaft) im Kloster. So legten beispielsweise Menschen, die nicht die Mittel oder die Fähigkeiten hatten, ein Kind großzuziehen, dieses Kind anonym vor einer Klosterpforte ab, damit man dort für es sorgte. Dann gab es auch Fälle wie den der Tochter König Edwards I. von England, Mary, die mit sechs Jahren als Gefährtin ihrer Großmutter, Eleonore von der Provence, in ein Nonnenstift geschickt wurde.[2]

Auch der Status von Klöstern als Bildungsstätte war für Erwachsene ein guter Grund, in einen Orden einzutreten. So manche hochgestellte Dame im Witwenstand, wie etwa besagte Eleonore von der Provence, zog sich in ein Kloster oder Nonnenstift zurück, um gemeinsam mit gleichgesinnten Frauen ihre Tage der Lektüre und dem Studium zu widmen. Das Gleiche galt für Männer, die ihren Lebensabend an einem Rückzugsort verbringen wollten, der ihnen relative Behaglichkeit und die Gelegenheit bot, vor ihrem Tod noch mit sich und Gott ins Reine zu kommen. Manche Menschen leg-

Nonnen bot das Kloster auch Bildung, und viele verwitwete Adlige zogen sich unter anderem deswegen dorthin zurück.

Quelle: Gebetsbuch, Fol. 26v, frühes 16. Jh. (Detail); Walters Art Museum, Baltimore, W.432.

ten Ordensgelübde ab, um für eine schwere Sünde zu büßen, während andere unfreiwillig die Reihen einer Klostergemeinschaft verstärkten, nachdem sie in einer Abtei Zuflucht vor der Strafverfolgung gesucht hatten. Zufluchtsuchende durften sich keinen Schritt vom geweihten Boden der Abtei entfernen, bevor sie nicht begnadigt worden waren oder versprochen hatten, sich geradewegs ins Exil zu begeben, und eine Verurteilung wegen eines Verbrechens wie Diebstahl, Vergewaltigung oder Mord konnte leicht die Todesstrafe nach sich ziehen. So sahen sich die Angehörigen städtischer Klostergemeinschaften nicht selten dem zweifelhaften Vergnügen gegenüber, mit Kriminellen unter einem Dach zu leben, die wiederum nur die Wahl hatten, entweder Ordensmitglied zu werden (als Laienbruder oder voll-

wertiger Mönch) oder sich auf Tod beziehungsweise
Exil gefasst zu machen.³

Es gab natürlich auch solche, die aus echter Frömmigkeit ins Kloster gingen. Das trifft, wie schon Caesarius von Heisterbach feststellte, auf die Mehrzahl der
Mitglieder von Ordensgemeinschaften in Europa zu,
auch wenn sich das nicht so skandalös liest. Der mittelalterlichen Theologie entsprechend war ein Dasein
als Mönch beziehungsweise als Nonne ideal dazu ge-
eignet, Gott zu dienen – indem man ihm sein ganzes
Leben weihte und allen sinnlichen Freuden und weltlichen Ambitionen entsagte. Nach strengen Regeln zu
leben war definitiv nicht leicht, weswegen es auch als
ein so besonderer und lobenswerter Akt der Liebe und
der Hingabe galt.

Wie wurde man Mönch?

> *Ist der Novize imstande und willens, vornehmlich aus*
> *Liebe zu Gott frohen Herzens Nachtgebete, ein eintöni-*
> *ges Leben in der Klausur, beständige Gottesdienste im*
> *Chor [Altarraum], ausgedehntes Schweigen, die Stren-*
> *ge des Ordens und des jeweiligen Hauses sowie die*
> *unterschiedlichen Wesensarten der Brüder zu ertragen*
> *… so soll ihm die Erlaubnis erteilt werden, am Ende des*
> *Jahres die Profess abzulegen.*
>
> Klosterregel von Barnwell

Da das Klosterleben einem Menschen viel abver-
langte – unter anderem Demut, Geduld und harte
Arbeit –, musste er eine Probezeit (Noviziat) absolvie-
ren, bevor er seine Gelübde ablegte. Dieser Testlauf dau-

erte für gewöhnlich ein Jahr, in dem der Betreffende ein Leben führte wie die übrigen Brüder, aber jederzeit das Kloster auch wieder verlassen konnte.

Wenn ein Mann in ein Kloster eintrat, zog er seine Zivilkleidung und Schuhe aus (die beiseitegelegt wurden, falls er es sich noch anders überlegte) und legte ein Mönchsgewand an. Seine Pflichten waren nicht so beschwerlich wie die eines Mönchs auf Lebenszeit, und seine Kleidung war auch etwas bequemer. Novizen wurden so weit wie möglich von den Mönchen abgesondert, um die Ablenkung für die Brüder auf ein Minimum zu beschränken. Sie durften auch nicht an den Besprechungen der klösterlichen Angelegenheiten teilnehmen, die täglich im Kapitelsaal stattfanden.

Jedem Novizen war ein Meister zugeteilt, der ihn in seinen Gebeten (auf Latein), den Psalmen und in den Klosterregeln unterwies. Wir haben Glück: Die Brüder der Barnwell Priory, einer Niederlassung der Augustiner in England, haben eine detaillierte Aufzeichnung ihres Alltagslebens hinterlassen. Was sie uns über die Ausbildung eines Novizen berichten, gibt uns einen aufschlussreichen Einblick in das, was er wissen beziehungsweise können musste.[4] In Barnwell vermittelte man erst einmal die Grundkenntnisse:

Zunächst wird der Meister den Novizen dann lehren, wie er seinen Habit herzurichten hat, beim Stehen und beim Sitzen; als Zweites, wie er sich auf eine Weise tief verneigen soll, dass seine Hände, überkreuz, bis zu seinen Knien reichen, und wie er bei jeder Verneigung mittels beider Hände mit dem Habit vor sich das Kreuzzeichen machen kann. Drittens möge der Meister ihn lehren, seine Augen in Acht zu halten.[5]

Wie dieser Auszug deutlich macht, ging es beim Klosterleben um mehr als nur darum, Gebete auswendig zu lernen. Es war eine ganz eigene Welt der Rituale und Regeln, in die ein neuer Bruder da eintauchen musste. Sich auf ein Leben in Weltabgeschiedenheit einzulassen hieß, für den Rest seines Lebens jeden Tag von morgens bis abends diese Abläufe zu vollziehen.

Bevor er seine Gelübde ablegte, konnte ein Novize eine Nacht, oder auch mehrere Nächte, in relativer Zurückgezogenheit und im Gebet verbringen und seine Entscheidung noch einmal überdenken, denn es kam äußerst selten vor, dass jemand von seinen Ordensgelübden entbunden wurde, wenn er sie erst einmal abgelegt hatte. Während dieser Zeit wurde der Kandidat bei den Gottesdiensten zumeist unter seiner Kapuze verborgen und nach ganz hinten im Altarraum verbannt.

Wenn ein Novize seine Gelübde ablegte, verpflichtete er sich gegenüber seinem Abt in allen Dingen zu Gehorsam – selbst wenn er anderer Meinung war – und gelobte für den Rest seines Lebens Armut und Keuschheit. Das musste er schriftlich bestätigen, nur mit seinem Namen oder, falls er Analphabet war, mit einem Zeichen. Daraufhin wurde ihm die Kapuze abgenommen, er bekam seine Tonsur (die abrasierte Stelle oben auf dem Kopf eines Mönchs) und wurde mit dem Friedenskuss und der heiligen Kommunion als vollwertiger Bruder im Kloster willkommen geheißen. Von da an musste sich der neue Mönch durch alle Anfechtungen und alle Zweifel hindurch mit ganzem Herzen und ganzer Seele Gott weihen. Seine Welt war auf die Größe einiger weniger von einer Steinmauer umschlossenen Gebäude zusammengeschrumpft.

Wie sah es im Kloster aus?

Wo möglich lege man das Kloster so an, dass sich alles Nötige – Wasser, Mühle, Garten und die verschiedenen Werkstätten – innerhalb der Klostermauern befinden, damit die Mönche nicht gezwungen seien, draußen herumzugehen, weil das ihren Seelen durchaus nicht zuträglich ist.

Benedikt von Nursia,
Die Mönchsregel des heiligen Benedikt

Weil in unserer Vorstellung im Leben eines Mönchs das Gebet alles andere überwiegt, machen wir uns kaum bewusst, dass sein Wirkungskreis über die vier Wände der Kirche hinausgehen könnte. Denken wir allerdings einmal darüber nach, dass ein Kloster sich ja irgendwie unterhalten muss, dann wird die Liste der dafür notwendigen Gebäude doch ziemlich lang.

In vielen Fällen erstreckte sich ein Klosterbezirk über große Flächen Land, damit die Mönche auch genug Platz zum Leben, Arbeiten, Beten und für die Erzeugung der Nahrungsmittel hatten, von denen sie sich ernährten. Manche Klöster bezogen das, was sie zum Leben brauchten, von der Gemeinde oder von Pachthöfen, andere (wie die Zisterzienserniederlassungen) hielten es für besser, so autark wie möglich zu sein, was bedeutete, es musste viel Raum da sein für Gemüseanbau, Viehhaltung und Werkstätten.

Unabdingbar für jedes Kloster waren eine Kirche, ein Dormitorium sowie ein Refektorium (Speisesaal). Gelegentlich hatten Dormitorien und Refektorien die gleiche Grundfläche, etwa wenn in einem kleineren, zweistöckigen Gebäude das Dormitorium genau über dem Refektorium lag. Dem heiligen Benedikt schwebte vor, dass alle Brüder im selben lang gestreckten Raum schliefen. Doch im Verlauf des Mittelalters bekamen die Mönche zunehmend ihre eigenen Zellen. Allerdings waren sie angehalten, ihre Türen nicht zu verschließen, um möglichen sündhaften Handlungen im Verborgenen vorzubeugen.[6]

Viele Menschen heutzutage hegen die Annahme, die Hygienegewohnheiten im Mittelalter hätten sehr zu wünschen übrig gelassen, doch dem war definitiv nicht so, und im Übrigen müssen selbst Angehörige des geistlichen Stands von Zeit zu Zeit ihr Geschäft verrichten. Aus diesem Grund waren in Klöstern häufig Aborte an die Schlafsäle angeschlossen, und einige davon hatten sogar fließendes Wasser, mit dem die Körperausscheidungen weggespült wurden. Wie so ziemlich alles andere im klösterlichen Leben auch war die Benutzung des Aborts alles andere als ungestört. Statt einzelner Nischen standen den Brüdern nur Reihen mit Löchern darin zur Verfügung. Da aber der Körper als sündhaft und aufreizend galt, sollten sich die Mönche so bedeckt wie möglich halten und sogar beim Toilettengang die Kapuzen über ihre Köpfe ziehen.

Über diese Grundlagen der Hygiene hinaus besaßen Klöster zudem Badehäuser. *Die Mönchsregel des Heiligen Benedikt* sieht in Bädern grundsätzlich keine Notwendigkeit, da Benedikt der Meinung war, sie würden einen Menschen verweichlichen. Nur die Kranken sollten häufiger baden, um schneller gesund zu werden. Allen anderen wurden feste Badezeiten eingeräumt. Der heilige Benedikt schrieb ebenfalls vor, dass junge und alte Männer nicht zusammen baden durften, vermutlich weil junge

Männer sich als zu große Versuchung erweisen würden. Das Waschen war auch nicht nur auf das Bad beschränkt. Von den Mönchen wurde verlangt, dass sie sich nach dem Aufstehen, vor den Mahlzeiten und vor dem Betreten der Kirche Gesicht und Hände wuschen. Da kam im Lauf des Tages eine Menge an Händewaschen zusammen.

Zu den Aborten und Badehäusern kam noch ein Kapitelsaal. Dabei handelte es sich um einen Versammlungsraum, in dem die Klostergemeinschaft jeden Morgen die anstehenden Tagesgeschäfte besprach. Hier teilte der Abt auch Aufgaben zu, gab Werkzeuge oder Bücher aus, die Brüder konnten ihrem Unmut Luft machen und die Missetaten anderer offenbaren. Wahlen wurden ebenfalls in diesem Raum abgehalten und Besucher empfangen.

Mit der Zeit führten die meisten Klöster noch eigene Räume für den Abt ein, darunter ein Schlafzimmer und ein Wohnzimmer, in dem er Gäste bewirten oder private Gespräche mit Mitgliedern seiner Gemeinschaft führen konnte. Manchmal hatte der Abt auch eine eigene Küche. Das diente nicht nur dazu, den Abt aufgrund seiner gehobenen Stellung als Leiter des Klosters besserzustellen, es ermöglichte ihm auch, seine weltlichen Geschäfte abzuwickeln wie die Verwaltung der Besitztümer des Klosters oder die Pflege der Beziehungen zu anderen Grundbesitzern, ohne damit die anderen Mönche zu stören oder abzulenken.

Klöster besaßen auch Krankenstationen, in denen kranke und alte Menschen Hilfe fanden und sich aufwärmen konnten, denn um keine allzu große Bequemlichkeit oder gar Trägheit aufkommen zu lassen, waren Feuerstellen auf dem Gelände äußerst rar. Vereinzelt gab es eine separate »Wärmestube« mit einem Kamin, wo sich alle anderen zwischen ihren Gebeten oder häuslichen Pflichten für ein paar Minuten aufhalten konnten. Dazu kamen in den meisten Klöstern noch ein Skriptorium (die Schreibstube, in der Mönche Manuskripte kopierten), eine Bibliothek und eine Mühle sowie Küchen, Back- und Brauhäuser, Waschküchen und Lagerstätten.

Doch drehte sich in Klöstern nicht alles nur um die Mönche selbst. Eine ihrer wichtigsten Aufgaben war die Beherbergung und Bewirtung von Gästen: Reisenden, Pilgern, Familienangehörigen und Vertretern der größeren Ordensgemeinschaft, die in geschäftlichen Angelegenheiten zu Besuch sein mochten. Das bedeutete, es wurde noch zusätzlicher Platz benötigt, also Schlafzimmer, Speisesäle, Küchen und Aborte sowie Einrichtungen, die im normalen Alltagsleben des Klosters keine große Rolle spielten, für die Gäste aber schon: Ställe, Remisen und gelegentlich sogar Hundezwinger.

In einigen der besonders autarken Klöster gab es zudem noch Platz für die Unterbringung und Verpflegung von Laienbrüdern und -schwestern (hauptsächlich Hilfspersonal, das im Kloster wohnte und arbeitete, aber nicht die üblichen Gelübde ablegte) sowie Werkstätten, um den jeweiligen Fertigkeiten dieser Menschen Rechnung zu tragen, vom Schuster- bis zum Schmiedehandwerk.

Wenn man dann noch das Land dazunimmt, das für die Ernährung so vieler Menschen benötigt wurde – etwa für die Küchen- und Heilgärten, Ackerflächen, Obstgärten, Bienenstöcke, Weiden, Fischteiche und manchmal auch Wild- oder Hasengehege –, gibt uns das eine ganz gute Vorstellung davon, wie ausgedehnt ein Klosterbezirk sein konnte.

Der Alltag der Mönche

Nachdem der Herr so gesprochen, erwartet er, dass wir diese seine heiligen Mahnungen täglich im Werk erfüllen.

Benedikt von Nursia,
Die Mönchsregel des heiligen Benedikt

Die Tage im Kloster wurden, wie man sich denken kann, nach festen Gebetszeiten eingeteilt. Diese Gebete nennt man Stundengebete. Sie begannen kurz nach Mitternacht und wurden alle paar Stunden bis in die nächste Nacht hinein weitergeführt. Im Einzelnen heißen sie: Matutin, Laudes, Prim, Terz, Sext, Non, Vesper und Komplet. Da die Mönche während der Nacht zum Beten aufstehen mussten, gab es in vielen Klöstern wie in Kirkstall Abbey, einer Zisterzienserniederlassung in der Nähe von Leeds, eine »Nachtstiege«, die geradewegs vom Dormitorium der Mönche in die Kirche führte. Diese Möglichkeit, sich unkompliziert aus dem Bett in den Altarraum zu begeben, erscheint einem wie ein ungewöhnliches Entgegenkommen den Zisterzienserbrüdern gegenüber, die bewusst ihr Leben nach kargen Bedingungen ausrichteten, um so besser Gott dienen zu können.

Die Tage der Mönche waren dem Gebet – in gesprochener wie in gesungener Form –, körperlicher Arbeit und (wie wir noch sehen werden) der Lektüre gewidmet. Zwar befolgten die meisten Ordenshäuser *Die Mönchsregel des heiligen Benedikt*, doch bestand eine große Spannbreite in der praktischen Umsetzung. In Übereinstimmung mit ihrer Verpflichtung zu einem einfachen Leben beschränkten die Zisterzienser ihre

Liturgie auf das Notwendigste, während die Cluniazenser ihr Chorgebet in einem Maße ausdehnten, dass sie ihre Tage überwiegend mit Chorälen und Gebeten verbrachten und der Hauptteil der täglichen Arbeit den Laienbrüdern überlassen blieb. Die meisten Häuser lagen wohl irgendwo dazwischen.

Im Kloster hatte jeder seine Aufgabe, und es wurde von ihm erwartet, dass er sie kompetent, leise und klaglos erledigte. Da aber die menschliche Natur nun mal ist, wie sie ist, ging es ganz bestimmt nicht ohne Beschwerden ab. So finden sich in Handschriften aus dem Mittelalter hin und wieder an die Ränder gekritzelte Klagen über Äbte, die Kälte oder verkrampfte Hände. Es gab einige Ämter, in die Mitglieder der Gemeinschaft eingesetzt oder gewählt wurden. Dazu gehörten der Sakristan (der die Mönche weckte und die liturgischen Geräte für die heilige Messe in Ordnung hielt) und der Cellerar (verantwortlich für Speise und Trank), doch die meisten Mönche erledigten ganz gewöhnliche Aufgaben, reihum nach einem Dienstplan. So wechselten sie sich etwa bei den Mahlzeiten mit dem Bedienen und Vorlesen ab.

Die Mönche bekamen im Sommer zwei Mahlzeiten und im Winter eine einzelne kräftige Mahlzeit am Tag. Da die Stundengebete an keine feste Zeit gebunden waren, sondern sich nach Sonnenaufgang und Sonnenuntergang richteten, brauchten die Mönche an den längeren Tagen in der Sommerzeit mehr Verpflegung. Wie die meisten klösterlichen Aktivitäten waren auch die Mahlzeiten, eingenommen im Refektorium, eine gemeinschaftliche Angelegenheit. Die Sitzordnung entsprach der im Mittelalter üblichen. Die Speisenden saßen nebeneinander auf Bänken mit Blick auf die Mitte des Raums und waren in einer bestimmten Rangfolge angeordnet. Das bedeutete nicht zwangsläufig, dass die ältesten Mönche zusammensaßen und die jüngsten unter ihren Altersgenossen. Für den heiligen Benedikt zählten vielmehr die Jahre, die ein Mönch schon im Kloster verbracht hatte. So konnte es vorkommen, dass ein junger Mitbruder einem sehr viel älteren den Rang ablief, sofern er so früh wie nur möglich seine Gelübde abgelegt hatte. Benedikt war der festen Überzeugung, dass die Weisheit eines Menschen nicht von seinem Alter abhing und dass junge Mönche ebenso imstande waren, Rat zu erteilen, wie altersmäßig über ihnen Stehende.

Während der Mahlzeiten wurde von den Mönchen erwartet, dass sie still waren und sich anhörten, was ein Mitbruder aus einem erbaulichen Buch vorlas, entweder aus der Bibel oder aus den Schriften der Kirchenväter. Wie im Mittelalter üblich, teilte man sich einen Teller mit seinem Nebenmann und sollte dementsprechend gute Tischmanieren haben.

Wir stellen uns Mönche oft nur beim Kopieren von Manuskripten vor, doch hatten sie auch noch viele andere Pflichten, von verwandten Tätigkeiten wie der Herstellung der Tinte für die Kopisten bis hin zu Hausmeisterdiensten wie der Reparatur defekter Gegenstände. Nahrungsmittel mussten angebaut und zubereitet, Gäste und Tiere betreut, Wäsche gewaschen werden und insgesamt wollte alles instand gehalten sein. Auch Arbeiten, die besonderes Fachwissen erforderten wie Bienenzucht, Bierbrauen und Holzschnitzerei, wurden oft von Brüdern erledigt. Wenn die täglichen Aufgaben über das hinausgingen, was die Mönche zwischen den unerlässlichen Gebetszeiten schafften, konnte eine Abtei auf ihre Laienbrüder und -schwestern zurückgreifen, die einen Teil der Arbeit übernahmen.

Nachdem die Gebete und Gesänge des letzten Chorgebets (Komplet) verklungen waren, zog sich ein Mönch mit seinen Mitbrüdern ins frostige Dormitorium zurück, die Kapuze übergezogen, um ihn warm und sittsam zu halten, und versuchte, vor der Matutin ein paar Stunden Schlaf zu finden. Während die anderen Mönche um ihn herum anfingen zu schnarchen, schlummerte auch er ein in dem Wissen, dass am folgenden Tag alles wieder von vorne losgehen würde.

Kurze Anmerkung zum Thema Glaube

Im 21. Jahrhundert ist man schnell mit spöttischen Bemerkungen über Religion bei der Hand, auch wenn wir darauf beileibe kein Monopol haben – unsere Klosterfreunde aus dem Mittelalter hatten, wie wir noch sehen werden, auch so ihre Zweifel. Einige der Anekdoten über den Glauben seriöser Mönche an Wunder, die uns heute doch mehr als fragwürdig erscheinen, mögen uns zum Schmunzeln bringen, oder wir mögen uns mokieren über die weltliche Gesinnung von Ordensleuten, die sich das mittelalterliche Pendant zu den heutigen Souvenirläden für Pilger ausdachten. Religiöser Glaube ist so komplex wie die menschliche Natur, unbeständig und in vielen Fällen auch flexibel, und das ist nicht unbedingt von Nachteil.

Auch wenn wir auf diesen Seiten das klösterliche Leben aus einer historischen und weltlichen Perspektive heraus betrachten, dürfen wir auf keinen Fall vergessen, dass es auf aufrichtigem Glauben und Hingabe an eine höhere Macht und ein höheres Ziel gründete – und immer noch gründet. Ob wir als moderne Leser nun glauben, dass jede für einen Schutzpatron gelesene Messe tatsächlich die Zeit des Stifters im Fegefeuer reduziert oder nicht, wir müssen respektieren, dass die Mönche und Nonnen des Mittelalters es glaubten; dass ihre Entscheidungen, Tagesabläufe und Rituale nicht beliebig waren, sondern genau durchdacht, und dass sie sich auf einen Glauben stützten, der viele Generationen und Hunderte von Jahren zurückreichte. Wir dürfen ebenfalls nicht vergessen, dass es sich bei ihnen um menschliche Wesen handelte, die in ihrem Glauben schwankten, die sich für Skandale und Klatschgeschichten begeisterten, die Versuchungen nur mit Mühe widerstehen konnten und die mit ihren sündigen Veranlagungen und dem Zustand ihrer Seele rangen. Im Übrigen weihten sie ihr Leben dem Dienst an anderen, und ohne ihre fleißige, gewissenhafte Kopierarbeit sähen wir uns heute einem schwerwiegenden Mangel an Quellen aus dieser Zeit gegenüber. Wir verdanken den Mönchen des Mittelalters viel, als Kopisten, als Chronisten, als Erfinder und auch als Hüter von Wissen ebenso wie als Verbreiter dieses Wissens. Während wir lernen, nach unseren eigenen Bedingungen wie Mönche zu leben, sind wir es ihnen schuldig, immer auch die Glaubenssätze und Prinzipien, auf denen sie ihr Leben aufbauten, zu bedenken und zu achten.

1

PFLANZEN-
UND
SEELENPFLEGE

*Grün ist, mehr als alle anderen Farben, höchst wohltu-
end für die Augen.*

The Ancren Riwle

Es fing alles an mit einem Garten. Für die
Christen des Mittelalters war der Garten
Eden der Ort, an dem das menschliche Leben, menschliche Redlichkeit und auch Un-
frieden zwischen den Menschen ihren Anfang nahmen.
Dort befand sich die Menschheit in ihrem Idealzustand,
und alles war prachtvoll und ausgewogen.

Für den mittelalterlichen Mönch symbolisierte eine
grüne Fläche Frieden, Unbeschwertheit und eine Rückkehr zu den Ursprüngen der Menschheit. Darüber hinaus stand sie auch für Heilung und Nahrung, nicht nur

der Seele, sondern auch des Körpers. Wie ein Mönch zu leben bedeutet dementsprechend, die Pflanzen wertzuschätzen und zu nutzen, die nach dem Glauben der Mönche für unsere Zwecke erschaffen wurden, und die natürlichen Prozesse ihren Lauf nehmen zu lassen, die Gärten wie Menschen zum Blühen und Gedeihen bringen.

Labsal für die Seele

Nichts erfrischt die Augen so sehr wie schönes kurzes Gras.

Albertus Magnus

Heutige Ärzte bringen immer wieder einmal den Gedanken ins Spiel, für sportliche Aktivitäten und Zeit im Freien Rezepte auszuschreiben; doch diese Idee ist nicht neu. Für die Mönche des Mittelalters, deren Gebete sie einen Großteil des Tages hinter den Kirchenmauern festhielten, galt der Aufenthalt an der frischen Luft als lebensnotwendig. Auch wenn sie nicht gerade ein Dasein im Dunkeln fristeten – sie hatten selbstverständlich Fenster, Kerzen und Lampen –, ist die freie Natur durch nichts zu ersetzen. Und es durfte auch nicht einfach nur ein Innenhof mit Kopfsteinpflaster sein. Grün musste es sein. Hugo de Folieto zufolge erfrischt »die grüne Grasfläche, die in der Mitte des Kreuzgangs liegt, die klösterlich behüteten Augen, und sie wenden sich danach gerne wieder dem Studium zu. Es ist fürwahr das Wesen der Farbe Grün, dass sie die Augen nährt und ihre Sehkraft erhält.« Ein weiterer mittelalterlicher Autor, Wilhelm von Auvergne, kennt auch den Grund dafür: Grün liegt »in der Mitte zwischen Schwarz, das das Auge weitet, und Weiß, das es zusammenzieht«.[7]

Kreuzgänge wurden quadratisch um einen zentralen Innenhof oder Klostergarten angelegt, eine Fläche, auf der Pflanzen wuchsen und Brunnen standen. Umrahmt war der Garten von überdachten Korridoren mit Steinsäulen – den Bogengängen –, durch die die Mönche spazieren konnten und unter denen sie Zuflucht vor Sonne oder Regen fanden. Doch um der Trittbelastung Rechnung zu tragen und das für die Brüder heilsame Grün zu erzielen, war der Klostergarten selbst meist eher ein Rasen. Albertus Magnus, ein Dominikaner-Bischof aus dem 13. Jahrhundert, gibt überraschend detaillierte Einblicke in den Aufwand, der nötig war, um eine Grünfläche von einer solchen Ruhe zu erschaffen:

> Man muss die für einen Lustgarten bestimmte Fläche von allem Wurzelwerk befreien, und das kann nur gelingen, wenn die Wurzeln ausgegraben werden, die Oberfläche so weit wie möglich geebnet und kochendes Wasser über die Oberfläche geschüttet wird, sodass die verbliebenen Wurzeln und Samen, die noch im Boden stecken, vernichtet werden und nicht mehr keimen können. ... Der Boden muss sodann mit aus gutem [Wiesen]gras geschnittenen Soden bedeckt, mit Holzhämmern eingeklopft und mit den Füßen gut festgestampft werden, bis sie kaum noch zu sehen sind. Dann drängt nach und nach das Gras wie feines Haar hindurch und bedeckt die Oberfläche wie edles Tuch.[8]

In einer passenden Metapher, wie Mönche sie so lieben, war mit der Anlage des Rasens eine Entfernung der

Störfaktoren verbunden, die ihm schaden würden, eine darauffolgende Neubepflanzung sowie die sorgfältige Pflege des Grases.

In der Mitte des Klostergartens konnten auch noch weitere Dinge stehen zur Labung der Seele und als Anregung zur Kontemplation, zum Beispiel ein Brunnen, ein Wacholderstrauch oder ein Maulbeerbaum. Das sanfte Plätschern des Brunnens förderte die Meditation über die Dreifaltigkeit, während Wacholder, wie so viele andere Pflanzen hinter Klostermauern, sowohl einen symbolischen als auch einen praktischen Zweck erfüllte. Wacholder ist ein immergrünes Gewächs, das niemals schläft, sich niemals verändert und sich somit ideal dazu eignet, die Gedanken eines Bruders auf die Unerschütterlichkeit von Gottes Liebe zu lenken. Darüber hinaus war er auch noch nützlich, denn seine wohlriechenden Zweige ließen sich, in Weihwasser getaucht, bei Gottesdiensten zum Sprenkeln verwenden. Die Maulbeere, von deren praktischem Nutzen wir noch hören werden, war ein Symbol für die Kreuzigung.[9]

Auch wenn wir nicht immer eigene Rasenflächen, Brunnen oder Bäume zur Verfügung haben, brauchen wir als Menschen unbedingt grüne Pflanzen vor unseren Augen oder, noch besser, unter unseren Füßen. Pflanzen versorgen uns nicht nur mit lebensspendendem Sauerstoff und wandeln unser Kohlendioxid um, sie beruhigen uns auch und helfen uns dabei, gegen Depressionen anzukämpfen und schneller gesund zu werden. Wie die Mönche erkannten, stellen sich diese Wohltaten bereits innerhalb von Minuten ein, nachdem wir eine Grünfläche betreten haben oder uns eine Pflanze auch nur ansehen.[10] Wie die Mönche, die Pflanzen in die Kirche stellten, um mit etwas Schönem und

Wohlriechendem ihr sakrales Erleben zu steigern (etwa Ilex oder Efeu zu Weihnachten und Lilien zu Ostern), können auch wir die Natur in unsere Innenräume bringen und mit einfachen Zimmerpflanzen den gleichen Nutzen erzielen.[11] Ob wir nun eine Pause zwischen dem Beten oder zwischen geschäftlichen Besprechungen einlegen, es lohnt sich allemal, unseren Augen etwas Ruhe zu gönnen und unserer Seele Frieden, indem wir aus dem Fenster schauen, mit unseren Topfpflanzen sprechen oder einen kurzen Spaziergang über eine Grünfläche machen.

Bitte zu Tisch!

> *Zwei gekochte Speisen sollen also für alle Brüder genügen. Ist noch Obst oder junges Gemüse zu haben, so werde ein drittes Gericht dazugegeben. Ein gut bemessenes Pfund Brot soll für den Tag ausreichen, ob man nur einmal isst, oder zu Mittag und zu Abend.*
>
> Benedikt von Nursia,
> *Die Mönchsregel des heiligen Benedikt*

Es herrscht ein weit verbreiteter Irrglaube, das Essen im Mittelalter wäre fad, faulig oder sonst irgendwie unappetitlich gewesen. In Wahrheit hatten die Menschen damals Zugang zu vielen der gleichen Früchte, Gemüse und Kräuter wie wir heute. Selbst importierte Gewürze waren für die meisten Klöster nicht unerreichbar, sofern der Abt bereit war, mal ein Auge zuzudrücken und derartigen Luxus zu gestatten. (Der Abt selbst kam im Zuge seiner Gastgeberpflichten schon eher in den Genuss von teuren Gewürzen, aber das Privileg erstreckte sich nicht immer auch auf seine Mitbrüder.)

Küchengärten versorgten die Mönche mit den meisten der Kräuter, mit denen wir noch heute unser Essen verfeinern: Petersilie, Salbei, Rosmarin, Thymian, Basilikum, Minze und Koriander, um nur einige zu nennen. Manche Pflanzen, die heutzutage zum Würzen verwendet werden, wie Sellerie, wurden seinerzeit als Heilkräuter angesehen und demzufolge nicht in der Küche benutzt. Mit anderen Pflanzen, die wir nur selten in modernen Kochbüchern finden, verstärkten die Menschen im Mittelalter den Geschmack von Speisen – zum Beispiel mit Lavendel oder Rosen. Safran wurde wegen seines Geschmacks und seiner knallgelben Farbe häufig in Festessen verwendet.

Es war wichtig, dass in einem Klostergarten eine Vielfalt an wohlschmeckenden Küchenkräutern angebaut wurde, denn die Klosterernährung sollte überwiegend vegetarisch sein, was das Angebot etwas einschränkte. Mönche durften Geflügel und Fisch essen, doch verfügte der heilige Benedikt: »Vom Genusse des Fleisches vierfüßiger Tiere sollen sich alle vollständig enthalten, mit Ausnahme der ganz schwachen Kranken.«[12] Der heilige Benedikt verschonte die Vierbeiner nicht unbedingt aus reiner Tierliebe. Fleisch galt als Auslöser von Lüsternheit. Schließlich hatten im Mittelalter alle genügend Umgang mit Tieren, um schon einmal mit angesehen zu haben, wie Vierbeiner sich paarten. Der Verzehr von Tieren ließ automatisch daran denken, und ein ganzes Leben im Zölibat war schon schwer genug, ohne dass einem auch noch bei jeder Mahlzeit erotische Gedanken kamen. Allerdings lässt die Tatsache, dass viele Klöster ausgedehnte Viehweiden und Kaninchengehe-

Mönche züchteten viele Arten von Tieren, zum Beispiel Kaninchen, um damit ihre Gäste und gelegentlich auch sich selbst zu verpflegen.

Quelle: Stundenbuch, Fol. 96r, um 1500 (Detail); Walters Art Museum, Baltimore, W.427.

ge besaßen, die weit über die Bedürfnisse der Gäste allein hinausgingen, vermuten, dass sich nicht alle streng an die Regeln hielten. Übergewichtige, Fleisch verzehrende Mönche sind ein Stereotyp in Geschichten und Liedern aus dem Mittelalter, das noch heute nachhallt.

Fische und andere Wassertiere spielten in der Klosterernährung eine große Rolle, da sich Fische nicht auf die gleiche Art paaren wie Menschen. Der Anblick des Fisches auf dem Teller drohte daher keine lüsternen Bilder hervorzurufen. Es gab viele Tage, an denen alle Christen (zumindest theoretisch) kein Fleisch essen durften, zum Beispiel an Freitagen und bestimmten Feiertagen. Viele Abteien akzeptierten sogar Aale als jährliche Pachtzahlung, um damit durch die 40 Fisch- tage in der Fastenzeit zu kommen.[13] Doch von Aalen al- lein können Mönche nicht leben. Wie wir alle wissen, ist eine ausgewogene Ernährung mit viel Obst und Ge- müse unerlässlich für die Gesundheit. Glücklicherwei- se wurde in Klöstern beides angebaut.

Wenn man sich heute einen Gemüsegarten in der westlichen Welt vorstellt, sieht man Blattsalat, Toma- ten, Gurken, vielleicht auch noch Zuckermais und Kar- toffeln vor sich. Im Mittelalter gab es jedoch in Europa weder Mais noch Kartoffeln, ja nicht einmal Tomaten, denn die stammen alle aus Amerika, das – abgesehen von einer kurzlebigen und erfolglosen Wikingersied- lung – von den Europäern noch nicht entdeckt worden war. Gemüsegärten im mittelalterlichen Europa waren voll von anderen Dingen wie Rüben, Möhren, Rettich, Zwiebeln, Lauch und Auberginen. Da läuft einem ja schon beim Lesen das Wasser im Mund zusammen, denn es gibt unzählige Möglichkeiten, allein aus diesen Pflanzen schon leckere und sättigende Mahlzeiten zu- zubereiten.

Hinter dem Gemüsegarten lagen die Obstgärten, die die Mönche reichlich mit Vitamin C in Form von Äpfeln, Birnen oder Zitrusfrüchten sowie mit weiteren Köstlichkeiten wie Oliven und Mandeln versorgten. Unkomplizierter im Anbau, deswegen aber nicht we- niger schmackhaft waren Früchte wie Himbeeren und

Eine Auswahl an Früchten wie Beeren, Trauben und Birnen brachte Farbe und Süße auf die Esstische einer Abtei. Quelle: Stundenbuch, Fol. 214r, um 1500; Walters Art Museum, Baltimore, W.427.

Brombeeren. Wir verorten Zitrusfrüchte, Oliven- und Mandelbäume heute überwiegend in Südeuropa, doch war es im Mittelalter teilweise einige Grade wärmer, was bedeutete, dass vor dem 15. Jahrhundert sogar Wein bis nach England hin angebaut werden konnte. Klöster besaßen auch Weinberge und konnten so ihre Gemeinschaft mit Trauben und Wein versorgen. Auch wenn Sie möglicherweise etwas anderes gehört haben, tranken die Menschen im Mittelalter durchaus Wasser, bevorzugten zum Essen aber Wein oder Ale. Wein besaß im Klosterleben einen besonderen Stellenwert angesichts seiner liturgischen Funktion und der Assoziation mit dem Blut Christi.

Die Klosterernährung basierte, wie auch die mittelalterliche Ernährung im Allgemeinen, sehr stark auf Brot und Potage, einer Art Eintopf aus jeweils verfügbarem Getreide wie Gerste oder Hafer mit Resten von schmackhaftem Fleisch oder Gemüse. Er enthielt also mehr Kohlenhydrate, als vielen heutzutage lieb ist. Da aber die Mühlen im Mittelalter nicht so gründlich mahlten wie heute, war das Getreide im Brot und in der Potage sehr grob und enthielt noch viel von den darmreinigenden Ballaststoffen, wie es sie heute nur in den teuersten Bäckereien zu kaufen gibt. Fein gemahlenes Weißmehl – von dem wir inzwischen wissen, dass es ungesünder ist – war den Reichen vorbehalten.

Eine gesunde Ernährung für einen modernen Menschen ist also gar nicht so weit entfernt von der Klosterernährung während der spätsommerlichen Fülle mit ihrem vollen Korn, dem frischen Obst und Gemüse, dem Omega-3-Boostereffekt von Fisch und einem Glas Rotwein. Diese Vielfalt an gesunden Nahrungsmitteln ist heute allgemein unter der Bezeichnung mediterrane Ernährung bekannt. Ihr gesundheitlicher Nutzen ist beträchtlich, sorgt sie doch für eine längere Lebensdauer und ein geringeres Risiko einer Krebs-, Herz-Kreislauf- oder neurodegenerativen Erkrankung.[14] Glücklicherweise haben wir heute das Privileg, diese Köstlichkeiten selbst an den kältesten Winterabenden genießen und dazu auch noch unsere Ernährung mit der bunten Vielfalt anderer Kontinente bereichern zu können, etwa mit köstlicher Guacamole oder Avocado-Toast.

Heilen wie die Mönche

Es ist angemessen, dass der Mensch, der aus Erde geformt ist, auch von der Erde Linderung von seinen Gebrechen erfährt. Denn die Erde bringt nichts ohne Beweggrund hervor, sondern alles aus Notwendigkeit.

Das Lorscher Arzneibuch

Es versteht sich von selbst, dass die Medizin im Mittelalter nicht so fortgeschritten war wie unsere heutige. Moderne Technik ermöglicht unglaubliche Behandlungsmethoden, die mittelalterliche Heilkundige in helles Erstaunen versetzt hätten, insbesondere die Wundermittel, die an Orten, wo es den Schwarzen Tod heute noch gibt, Menschenleben retten: Antibiotika. Tatsache ist aber auch, dass wir ohne das medizinische Wissen des Mittelalters nicht an dem Punkt wären, an dem wir heute sind, und dazu gehört vor allem die mittelalterliche Kräuterkunde.

Wenn Sie gerne Krimis lesen, die im Mittelalter spielen, haben Sie es bestimmt schon einmal mit einem klösterlichen Heilkräutergarten zu tun gehabt, ob nun als Bezugsquelle für Medizin oder für Gift. Wie wir alle wissen, kann in der entsprechenden Dosierung so ziemlich alles giftig sein, und in den Kräutergärten verbarg sich auch die eine oder andere tödliche Pflanze, etwa die Tollkirsche und natürlich Eisenhut. Tollkirsche und Schlafmohn wurden mit äußerster Vorsicht in schwerwiegenden Notfällen eingesetzt, zum Beispiel bei Amputationen, wenn ein Patient vorübergehend (nicht dauerhaft) in Schlaf versetzt werden musste. Die meisten medizinischen Kräuter waren allerdings weitaus ungefährlicher.

Mehrere von den Pflanzen, die die Menschen im Mittelalter zu Heilzwecken nutzten, finden heute noch in der ganzheitlichen Medizin Verwendung und sind immer noch sehr wirkungsvoll. Minze zum Beispiel, die in mittelalterlichen Medizinbüchern als hilfreich bei Kopfschmerzen genannt wird, ist auch heutzutage ein gebräuchliches Hausmittel, für gewöhnlich in Form von Pfefferminzöl.[15] Fenchel, im Mittelalter eingestuft als »vielfach nützliches Heilmittel ... insbesondere aber anzuwenden bei Augenleiden«, enthält eine Substanz, die heute noch in Präparaten gegen Bindehautentzündung (rosa Auge) eingesetzt wird. Kamille wird immer noch zur Linderung verwendet und Aloe, um Hautverletzungen zu behandeln.[16] Ingwer, für gewöhnlich importierter und kein einheimischer, wurde und wird zur Beruhigung des Magens verwendet. Weidenrinde, die Salicylsäure enthält (ein natürlicher Inhaltsstoff, der in Aspirin in Form von Acetylsalicylsäure nachgebildet wird), wurde gegen Schmerzen verabreicht. Die Maulbeere war nicht nur in geistlicher Hinsicht von Bedeutung, mit ihr ließen sich auch Verbrennungen behandeln, was sich ebenfalls inzwischen wissenschaftlich bestätigt hat.[17]

Vom Infirmarius der Barnwell Priory wurde erwartet, dass er eine ganze Palette von Kräuterheilmitteln in einer Art klösterlichem Medizinschrank parat hatte, um damit die gängigsten Beschwerden zu behandeln:

> Es sollte selten oder besser noch niemals vorkommen, dass [der Infirmarius] nicht Ingwer, Zimt, Pfingstrose und dergleichen in seinem Kabinett vorrätig hat, damit er den Kranken, die von einem plötzlichen Leiden heimgesucht wurden, unverzüglich Hilfe leisten kann.[18]

Bei so vielen Brüdern unter seiner Obhut war es sinnvoll, wenn der Infirmarius vorbereitet war und sich einen Vorrat anlegte, statt mitten in der Nacht mit einer Laterne in den Garten stiefeln zu müssen, um sich zu suchen, was er brauchte.

Wir sollten auf keinen Fall auf die Idee kommen, eigenmächtig mit Heilpflanzen herumzutüfteln. Die Menschen im Mittelalter besaßen ein umfassendes botanisches Wissen, das wir uns gerade erst so langsam wieder erschließen. Wie die heutigen Pharmazeuten unterzogen sich die mittelalterlichen Apotheker einer jahrelangen Ausbildung und Lehrzeit, bevor sie anfingen, Heilmittel zu verabreichen, und an diese Apotheker wandten sich die Mönche, wenn sie einmal eine komplexere oder potenziell gefährliche Arznei benötigten. Will man leben wie ein Mönch, ohne sich dabei versehentlich selbst zu vergiften, ist es immer noch am ratsamsten, auf die Hausmittel zurückzugreifen, die schon von der Forschung und nicht zuletzt von Großmüttern auf der ganzen Welt erprobt worden sind: warme Gemüse- oder Hühnersuppe, Honig und Zitrone bei Erkältungen, Ingwer bei Magenverstimmungen, Acetylsalicylsäure gegen Kopfschmerzen und eine heiße Tasse Kamillentee zur Beruhigung vor dem Schlafengehen.

Ruhe in Frieden

Den drohenden Tod täglich vor Augen haben.

Benedikt von Nursia,
Die Mönchsregel des heiligen Benedikt

Ein Großteil der Aufmerksamkeit galt im Kloster nicht dem Leben, sondern dem Tod. Der ganze Sinn und Zweck des irdischen Daseins lag, nach der Denkart eines Mönchs, darin, ein rechtschaffenes Leben zu führen, um danach im Jenseits Erlösung zu erlangen. Zu allen Zeiten, so die Empfehlung des heiligen Benedikt, sollte ein Mönch seines Todes eingedenk sein und sich eine gesunde Furcht vor dem zu erwartenden göttlichen Gericht bewahren.

Trotz des beeindruckenden Allgemeinwissens über die medizinischen Verwendungsmöglichkeiten von Kräutern, das wir gerade zumindest gestreift haben, war

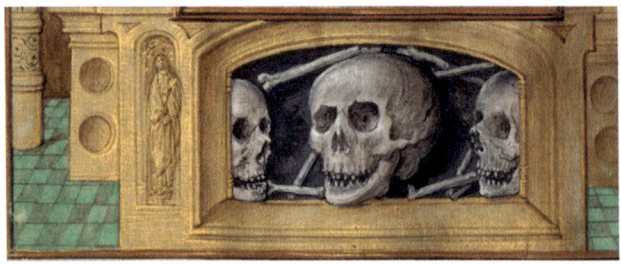

Die Christen im Mittelalter wurden häufig aufgefordert, sich ihrer Sterblichkeit bewusst zu sein und ihre Seelen für das sie erwartende göttliche Gericht bereitzumachen. Totenschädel wie diese dienten als Memento mori, sichtbare Mahnungen an den Tod.

Quelle: The Aussem Hours, Fol. 66v, frühes 16. Jh. (Detail); Walters Art Museum, Baltimore, W.437.

Memento mori waren häufig in Zusammenhang mit Symbolen von Schönheit und Leben zu sehen wie in diesem Stundenbuch. Auf dem Schriftband ganz oben ist zu lesen: Cogita morii, »gedenke des Todes«.

Quelle: Stundenbuch, Fol. 165r, um 1500 (Detail); Walters Art Museum, Baltimore, W.427.

der Tod in der Welt des Mittelalters ein ständiger Begleiter. Das lag zum Großteil an der schlechteren Ernährung und dem Fehlen von Antibiotika, was schon den kleinsten Unfall zu einer brandgefährlichen Angelegenheit machte. Dementsprechend waren Friedhöfe kein seltener Anblick und galten auch nicht als die Tabubereiche, die sie heute sind. Nicht selten waren es Orte, an denen sich Menschen zu weltlichen Aktivitäten wie Spielen oder heimlichen Rendezvous trafen. Zum Teil auch um auf dem Klostergelände Platz zu sparen, wurden sogar gelegentlich Mönche im Obstgarten einer Abtei begraben. Auch wenn sich das für Zartbesaitete heutzutage etwas abstoßend anhören mag, bedeutete es natürlich, dass der Mönch noch im Tod seinen Beitrag zum klösterlichen Lebenskreislauf leistete.

Im mittelalterlichen Mönch sollte die Vorstellung, zur Erde zurückzukehren, in erster Linie ein Gefühl der Demut hervorrufen, denn jemand, der am Ende Futter für die Würmer wird, konnte kaum von großer Bedeutung sein. Wie der heilige Petrus Damiani, ein Benediktinermönch und Kardinal aus dem 11. Jahrhundert, es so lebhaft beschreibt:

> Ach komm, Bruder, was ist dieser Körper denn, den du mit solcher Sorgfalt einkleidest und behutsam hegst und pflegst, als wäre er von königlichem Geblüt? Ist es nicht nur eine verwesende Masse, ist er nicht Würmer, Staub und Asche? Es ziemt sich, dass der Weise dem, was jetzt ist, keine Beachtung schenkt, sondern lieber dem, was hiernach sein wird, in der Zukunft ... Welchen Dank werden die Würmer dir erweisen, die sich anschicken, das Fleisch zu verschlingen, das du so zärtlich und sanft umsorgst?[19]

Diese Art von grotesker Hervorhebung der leiblichen Gebrechlichkeit war schon immer ein Thema für die christliche Meditation gewesen und erst recht, nachdem im 14. Jahrhundert der Schwarze Tod sein Unwesen getrieben hatte und die Ängste der Menschen vor einem plötzlichen, unerwarteten Tod schmerzlich in den Vordergrund traten. Das nahmen viele Künstler zum Anlass, das Memento mori (»Gedenke des Todes«) zum Motiv zu nehmen und menschliche Körper darzustellen, die von Würmern und Kröten zerfressen werden.

Die heiligmäßigeren Mitglieder der Gemeinschaft konnten einbalsamiert und in der Kirche selbst bestattet werden, doch diese Menschen von überirdischem Wert waren nach allgemeiner Überzeugung ohnehin nicht dem Verfall preisgegeben. Viele Biografien von mittelalterlichen Heiligen berichten von einem angenehmen Geruch oder dem Fehlen jeglicher Verwesung, sobald der jeweilige Sarkophag geöffnet wurde. Zu diesen süß duftenden Heiligen gehören der heilige Oswald, der heilige Thomas Becket und sogar noch der heiligmäßige englische König Henry VI.[20]

So morbid es auch klingen mag, unsere letzte Ruhestätte auch unter dem Aspekt der Nachhaltigkeit zu betrachten und sich für »grüne Bestattungen« zu entscheiden, ist für mehr und mehr Menschen vorstellbar. Sei es mit einer Kremation, einem biologisch abbaubaren Sarg oder einer Beisetzung am Fuß eines Baumes, moderne Menschen denken darüber nach, wie auch sie im Tod einen Beitrag zum Lebenskreislauf leisten können.[21] Über solche praktischen Gesichtspunkte hinaus ist das Leben auch heute noch voller Memento mori, man denke nur an die Meme, die uns daran erinnern, dass das Leben vergänglich und unsicher ist, oder an Trends wie #yolo (you only live once), die uns anregen, das Beste aus unserem Leben zu machen, solange es noch geht.

Ein gewöhnlicher Mönch verbrachte sein Leben mit der Reflexion über seinen Tod und ließ sich von der Hoffnung auf Erlösung und der Furcht vor Gottes Gericht in seinem Verhalten leiten und auf dem Pfad der Tugend halten. Wenn es so weit war, erwartete er nicht mehr, als was ihm als ergebenem Kind Gottes zustand: eine Rückkehr zu der Erde, auf der nicht nur einst der Garten Eden gelegen hatte und Jesus gewandelt war, sondern die auch den Mönch während seiner gesamten Erdenzeit ernährt, geheilt und getröstet hatte. Als heutige Menschen können wir diesem Beispiel folgen, indem wir uns der Vergänglichkeit des Lebens bewusst sind und uns, solange wir leben, von den Pflanzen um uns herum an Körper und Seele nähren lassen und am Ende unserer Lebenszeit in Demut und Dankbarkeit zu der Erde, aus der wir kommen, zurückkehren.

MINIMALISMUS
ALS IDEAL

*Das ist die wahre Religion, dass sich jeder nach seinem
Stand von dieser unsteten Welt so wenig wie möglich
an Essen, Kleidung und allen weltlichen Dingen borgt.*
The Ancren Riwle

n den vergangenen beiden Jahrzehnten ist eine
populäre Bewegung entstanden, die ihr Heil
im Minimalismus sieht – der Vorstellung, dass
wir mit weniger auskommen können. Nun ist
der Gedanke, irdische Dinge nicht zu brauchen – beziehungsweise, was noch entscheidender ist, gar nicht
erst zu *wollen* –, bereits ein Eckpfeiler des monasti-
schen Ideals. Für die Mönche des Mittelalters war die
materielle Welt eine sündige. Sie war der Urgrund all
der Versuchungen, die den Menschen von Gott ent-

fernten. Je weniger man daher mit der diesseitigen Welt zu tun hatte, desto besser. Frühe christliche Eremiten, aus deren asketischem Dasein sich das Konzept des Klosters entwickelte, trieben das auf die Spitze, indem sie etwa auf Stalagmiten lebten oder kaum Kleidung trugen. Gewöhnlichen Mönchen war klar, dass dieses Lebensmodell nicht für jeden taugte, ebenso wie die meisten Menschen heutzutage akzeptieren, dass ein ganzes Leben im Zelt sie nicht wirklich glücklich machen würde. Dennoch bekennt sich die klösterliche Lebensweise bewusst zum Minimalismus in vielen Ausprägungen, von denen wir heute noch lernen können.

Weniger ist mehr

Für den Mönch genügt es, zwei Tuniken und zwei Kukullen zu haben für die Nacht, und damit sie gewaschen werden können. Was darüber hinausgeht, ist überflüssig und muss entfernt werden.

Benedikt von Nursia,
Die Mönchsregel des heiligen Benedikt

Nach Ansicht der Mönche wie auch nach der heutiger Minimalisten überfrachtet ein Übermaß an materiellem Besitz nicht nur den Wohnraum, sondern auch den Geist, sodass es kaum noch möglich ist, sich auf das Wesentliche zu konzentrieren. Im Kloster war damit natürlich die Reflexion über das Göttliche gemeint. Für uns heute kann es bedeuten, dass wir die Dinge aus den Augen verlieren, die in unserem Leben am wichtigsten sind: Familie, Freunde, die Gemeinschaft, der Glaube, das Wohlbefinden oder vielleicht auch eine Errungenschaft.

Mönche, die Dinge horteten, liefen Gefahr, der Habgier oder dem Hochmut zu erliegen, zwei von den Todsünden. Wenn ein Mann ins Kloster eintrat, musste er seinen gesamten weltlichen Besitz aufgeben und alles, was er besaß, der Abtei überschreiben. Der Abt konnte dann darüber verfügen, wie er es für angemessen hielt. Für jemanden, der aus einer wohlhabenden Familie stammte, muss es ziemlich schwer gewesen sein, sich von Besitztümern zu trennen, die teuer bezahlt und wertvoll waren oder einen emotionalen Wert besaßen. Wir wissen, dass einige eindeutig damit zu kämpfen hatten und persönliche Schätze und sogar Haustiere wie Katzen, Kaninchen oder (vielleicht etwas überraschend) Affen irgendwo im Kloster versteckten.[22] Doch materielle Dinge loszulassen gehörte zum Weg des Mönchs, und es wurde von ihm erwartet, dass er alle seine Besitztümer ohne viel Federlesens aufgab.

Anders als die euphorischen Gäste in unseren heutigen Realityshows, die unter Tränen von ihrer Freude, Erleichterung und ihrem Stolz darüber erzählen, dass sie es geschafft haben, sich von ihrem Gerümpel zu trennen, durften die Mönche des Mittelalters keinen Stolz darüber empfinden oder damit prahlen, wie viel sie doch aufgegeben hatten. Selbst den Armen war es nicht gestattet, sich zu freuen, weil sie jetzt etwas zum Anziehen und zum Essen hatten. So schrieb die Augustinusregel vor:

Nur sollen sie sich nicht ... glücklich schätzen, weil sie Nahrung und Kleidung gefunden haben, wie sie es draußen nicht hatten finden können ... ihr Herz soll

> *vielmehr nach oben gerichtet sein und irdische Eitelkeit*
> *nicht suchen. Sonst wären am Ende die Klöster bloß den*
> *Reichen zum Nutzen, nicht aber den Armen, insofern*
> *nämlich die Reichen dort sich verdemütigen, die Armen*
> *hingegen dort aufgeblasen würden.*[23]

Gott sollte gedankt werden, und danach musste der entsprechende Mönch es auch gut sein lassen. Darin sollten wir vielleicht nicht unbedingt den Mönchen des Mittelalters nacheifern, denn die komplexen und aufrichtigen Gefühle auszudrücken, die eine Trennung von überschüssigen Dingen auslösen kann – selbst wenn wir sie nicht mehr brauchen oder wollen –, wäre vermutlich besser für unser seelisches Wohlbefinden. (Zuweilen hatten auch Mönche Probleme mit ihrer Psyche, ein Thema, auf das wir in Kapitel 3 näher eingehen werden.)

Aller dem Kloster gehörende Besitz war prinzipiell Gemeinschaftseigentum, bis hin zu den Kleidern, die die Mönche trugen. In der Praxis wurde ihnen allerdings eigene Kleidung erlaubt (schon allein wegen der Größe), und von einigen Klöstern weiß man, dass sie die Namen der einzelnen Mönche in ihre Kutten einstickten, damit sie nicht durcheinandergerieten, wenn sie in die Wäsche oder zum Schneider gegeben wurden.[24] Dem heiligen Benedikt schwebte ein Vorratsraum mit Kleidung von etwas besserer Qualität vor, die Mönche sich für Reisen ausborgen konnten – eine klösterliche Kleiderkammer, die auch Unterwäsche enthielt, die nach dem Tragen gewaschen und wieder zurückgelegt werden sollte.[25] Es ist nicht überliefert, wie weit sich die Sache mit der Unterwäsche über Benedikts Heimatkloster Montecassino hinaus verbreitet hat, aber hier haben wir einen Fall, in dem Sie ganz sicher *nicht* dem Leben eines Mönchs nacheifern sollten.

In puncto Kleidung verfügte Benedikt, dass die Mönche zusätzlich zu ihren beiden Tuniken und Kukullen auch noch eine Kukulle für den Winter und eine für den Sommer haben durften sowie »ein Skapulier für die Arbeit«[26] Dieser Regel buchstabengetreu zu folgen, war nicht immer so einfach. Eine Abtei in Schottland sah sich gar gezwungen, beim Papst die Erlaubnis zu erwirken, in der Kirche Wollmützen zu tragen, da es dort im Winter eiskalt war.[27]

Wir sind uns zweifellos alle einig, dass wir wohl mehr brauchen als zwei Garnituren Alltagskleidung zum Wechseln und ein Paar Schuhe und dass vor allem unsere Unterwäsche nur uns allein gehören sollte. Dessen ungeachtet dürfte der klösterliche Mindeststandard wohl ein neues Licht auf unsere eigenen Kleiderschränke werfen. Organisationsexperten empfehlen, dass man, um mehr Raum in seinem Leben für die wichtigen Dinge zu schaffen, als erste Maßnahme seine Garderobe in Angriff nehmen sollte.[28] Sollten wir uns also dafür entscheiden, den Inhalt unserer Schränke ein wenig auszudünnen, wäre die Spende von gut erhaltener Kleidung an Bedürftige eine Möglichkeit, dem klösterlichen Beispiel zu folgen.

Was andere materielle Gegenstände betrifft, ist die Liste dessen, was ein Mönch bei sich haben sollte, erwartungsgemäß kurz. Dem heiligen Benedikt zufolge sollte der Abt jedem Bruder »alles, was nötig ist« bereitstellen, wozu (neben »einer Matte, einem groben Tuch, einer Decke und einem Kopfkissen«) »Kukulle, Tunika, Schuhe, Stiefel, Gürtel, Messer, Griffel, Nadel, Tüchlein, Schreibtafel«[29] gehörten. Kurzum, ein Mönch sollte

nichts weiter brauchen als Bettwäsche, Kleidung, etwas, um damit zu essen, etwas, um damit zu schreiben,
etwas, um damit zu reparieren, sowie etwas, was ihn
davon abhielt, seine Nase an dem Ärmel abzuwischen,
den er mehrere Tage hintereinander am Leib trug. So
weit, so gut.

Uns heutigen Menschen empfiehlt es sich, einmal
die Dinge, mit denen wir uns umgeben, genauer anzu-
schauen und zu überlegen, ob wir sie tatsächlich brauchen oder ob wir sie einfach nur haben wollen. Viele
von den Dingen, die wir brauchen, können wir, ähnlich den Mönchen des Mittelalters, teilen oder borgen,
entweder über Freunde oder über Gemeinschaftsläden
und Büchereien. Also müssen wir uns mit der Frage be-
schäftigen, was wir wirklich benötigen, um unser Leben
behaglich und sinnvoll zu gestalten, und für was wir
womöglich nur unser Geld verschwenden (wobei wir
auch wieder von unseren genügsamen Klosterbrüdern
lernen können).

Es mag wohl stimmen, dass die meisten von uns
mehr materiellen Besitz haben, als sie brauchen, doch
gibt es kaum einen Menschen, der länger als ein paar
Wochen lang mit Freuden aus einem Rucksack leben
kann, und sogar Mönche wurden hin und wieder zum
Chef zitiert, um die Schätze abzuliefern, die sie gehortet
hatten. Für uns heute ist es weitaus gesünder, bei den
Dingen in unserem Besitz unsere eigene goldene Mitte
zu finden zwischen zu viel und zu wenig. Ein Mönch
im Mittelalter konnte damit rechnen, jedes Jahr ein Paar
neue Schuhe zu bekommen, und konnte dafür dann
die alten den Armen spenden. Das wäre doch auch ein
praktisches Ziel für unser eigenes Leben: Ein alljähr-
licher Frühjahrsputz in unserem Kleiderschrank und

anderen Schränken, bei dem alles Überschüssige an die Wohlfahrt geht, ist ein nobler – und umsetzbarer – Vorsatz für uns alle.

Geld allein macht nicht glücklich

Zunächst, trenne dich von allem Geld, denn Christus und Geld kommen nicht gut an einem Ort miteinander aus ... Ist Geld vorhanden, so begebe es sich unverzüglich in andere Hallen, damit Christus die Zelle deines Herzens ungetrübt vorfindet.

Heiliger Petrus Damiani

In einem würden die Mönche des Mittelalters wohl mit uns übereinstimmen: Ein großer materieller Besitz zeugt davon, dass jemand viel Geld für eigene Belange in die Hand genommen hat. Nach klösterlicher Denkweise war das unter anderem wegen der Gefahr ein Problem, die es für die Seele des Betreffenden bedeutete: Er konzentrierte sich zu stark auf das irdische Wohlbefinden statt auf das geistliche und konnte leicht der Sünde der Habgier und des Stolzes erliegen. Es bedeutete aber auch, dass dieses Geld genauso gut für wohltätige Zwecke statt für sündhafte hätte ausgegeben werden können.

Das mittelalterliche Kloster war nicht nur ein Ort, an dem Mönche lebten und beteten. Es war ebenso sehr ein wichtiger Teil der größeren Gemeinde, der es Zuflucht und Erholung bot. Reisende waren im Kloster immer willkommen, denn schließlich waren die Brüder ja verpflichtet, jeden Fremden zu behandeln, als wäre er der wiedergekehrte Jesus. Diese Gastfreundschaft konnte so weit gehen, dass Mönche sich vor den Gästen verbeugten oder gar zu Boden warfen und dass der Abt selbst ihnen die Hände und Füße wusch.[30] Da Klöster für gewöhnlich am Stadtrand lagen, um den Mönchen eine größere Abgeschiedenheit und Ruhe zu gewähren, waren sie bequeme Rastplätze für Reisende, vor allem für diejenigen, die sich die Kosten für den Aufenthalt in einem Gasthof sparen wollten. Finanzielle Zuwendungen seitens der Gäste wurden allerdings gern gesehen, genau genommen sogar erwartet. Der berüchtigte englische König John brachte es mit seiner Knauserigkeit in die Chronik der Abtei von Bury Saint Edmunds:

> *König John kam, alle seine anderen Verpflichtungen außer acht lassend, gleich nach seiner Krönung nach St. Edmund's, getrieben von einem Schwur wie auch aus Frömmigkeit. Begreiflicherweise dachten wir, er werde eine ansehnliche Spende tätigen, doch gab er einzig ein Seidentuch, das seine Diener sich von unserem Sakristan geliehen hatten – und immer noch haben sie nicht dafür gezahlt. Obschon er St. Edmund's großzügige Gastfreundschaft genossen hatte, hinterließ er bei seinem Weggang dem Heiligen überhaupt nichts Ehrenvolles oder Hilfreiches, mit Ausnahme der 13 Schillinge, die er am Tage seiner Abreise bei der Messe opferte.[31]*

Schon im Mittelalter hielt man nicht viel von Leuten, die kein gutes Trinkgeld gaben.

Da Klöster nicht selten Hüter kostbarer Reliquien waren, mussten sie mit regelmäßigen Besuchen von Pilgern wie John rechnen, die bei den Heiligen Hilfe suchten oder sie anbeten wollten. Heiligen wurden viele verschiedene Kräfte zugeschrieben, zum Beispiel die

Fähigkeit zu heilen, die Fruchtbarkeit zu steigern, geschäftlichen Unternehmungen zum Erfolg zu verhelfen
oder für einen Sünder Fürsprache zu halten. Viele mittelalterliche Klöster waren örtlichen Heiligen geweiht,
deren Wunder sich überwiegend hier ereignet hatten.

Klöster förderten die Verehrung ihrer eigenen Heiligen, indem sie deren Wundertaten aufschrieben und so
dem Ruhm der Heiligen eine größere Verbreitung gaben. Geschichten von diesen Wundertaten sorgten für
Pilgerverkehr, eine entscheidende Komponente in der
Finanzierung der Klöster. Pilger kauften Plaketten als
Souvenirs von ihrer Reise oder als Gegenstände der Verehrung, und mit den Geldspenden für das Lesen einer
Messe konnten die Mönche die Instandhaltung ihres
Klosters voranbringen, baufällige Bereiche ausbessern,
anbauen oder ihre Kirche mit Dekorationen verschönern, die sie zu einem würdigen Gotteshaus machen
und den Erwartungen der Pilger gerecht würden.

Trotz des Geldflusses aus Spenden und Landbesitz
hatten Klöster nicht selten finanziell arg zu kämpfen, da
die Mönche, die ja auch nur Menschen waren, nicht immer so leicht bereit waren, die Macht aufzugeben, die
mit Geld einhergeht. Das führte dann zu Situationen
wie der in Bury Saint Edmunds, wo die Mönche in den
Kapitelsaal gerufen und dort gezwungen wurden, alle
eigenen Siegel herauszurücken, die sie beiseitegeschafft
hatten – sie waren so gut wie eine Unterschrift, mit der
sie die Rückzahlung von, teilweise im Namen der Abtei
aufgenommenen, Schulden garantierten. »Als dies erledigt war«, schreibt der Chronist Jocelin of Brakelond,
»wurden insgesamt 33 Siegel gezählt«, eine erstaunlich
hohe Anzahl.[32] Nachdem Abt Samson (der sich uns in
Kapitel 4 noch vorstellen wird) die Bekämpfung der

Ausgabenüberschreitung zur Chefsache gemacht hatte, wurde das Geld für eine verbesserte Verwaltung der Abtei sowie für einige dringend notwendige Bauprojekte verwendet. Obwohl auch er selbst nicht gänzlich ohne Fehl und Tadel war, wusste der Abt, dass mittelalterliche Bauwerke wie Kathedralen zwar oft erst nach vielen Jahren, manchmal sogar Jahrzehnten, vollendet waren, das Ergebnis aber sowohl Erbauern als auch der Gemeinde große Freude bringt.

Es macht natürlich viel mehr Spaß, mit seinem »Siegel« allerlei Luxus zu finanzieren, aber tief im Innern wissen wir doch, dass eine Anleihe bei der Zukunft für unsere aktuelle Befriedigung zu unangenehmen Situationen führen kann. Da ist die Verwendung des Geldes für Dinge, mit deren Hilfe wir Gutes tun können, schon der deutlich bessere Weg. Es sind die Äbte, die langfristig gedacht und zum Wohle ihrer Klöster in Architektur und Technologien investiert haben, denen ein anerkennender Platz in den Geschichtsbüchern sicher ist.

Auch wenn es nicht nötig ist, nach Art eines mittelalterlichen Mönchs gleich alle Ausgaben rigoros zusammenzustreichen – auch hier ist ein gutes Maßhalten das Stichwort –, wissen wir ja, dass jeder eingesparte Cent mit der Zeit mehr wird, genauso wie jede kluge Investition – ob in die Bildung, ein Eigenheim oder eine nützliche Technologie – sich am Ende auszahlt. Es mag schwer werden, regelrecht peinlich sogar, uns in den Kapitelsaal zu begeben und uns zu unserem Konsumverhalten zu bekennen, aber Disziplin in Geldangelegenheiten ist immer auch ein Gewinn für die Zukunft.

Die rechte Umgebung

Wir haben nun, Brüder, den Herrn befragt, wer in seinem Zelte wohnen darf, und haben gehört, was hiezu vorgeschrieben ist. Möchten wir nun auch die Pflichten eines Bewohners erfüllen!

Benedikt von Nursia,
Die Mönchsregel des heiligen Benedikt

Der wohl auffälligste Trend in der modernen Minimalismusbewegung sind die Tiny Houses. Wohnen auf kleinem Raum (40 oder weniger Quadratmetern) bringt auch einen kleinen CO_2-Fußabdruck mit sich, was die mittelalterlichen Mönche sicherlich sehr begrüßen würden, wenn man bedenkt, wie gewissenhaft sie die Gaben der Natur im Sinne der Nachhaltigkeit immer wieder recycelten. Die bewusste Nutzung eines begrenzten Raumes hätte ihnen wohl auch gefallen. Schließlich war ihr Ideal ja ein Leben im Gebet. Eine vertraute Gestalt in mittelalterlichen Städten, die ihr Leben dauerhaft so verbrachte, war der Eremit. Ein Eremit führte die klösterlichen Ideale zurück zu ihren extremen Wurzeln, indem er sich lebenslang in einen, maximal zwei Räume zurückzog, um sich dort permanent der geistlichen Kontemplation zu widmen. Doch waren Eremiten darauf angewiesen, dass die Gemeinde sie mit Nahrung versorgte, was dem Besitzer eines Tiny Houses reichlich schwerfallen dürfte (sofern er kein Fan von Nonstop-Lieferservice ist). Und mit dem Verzicht auf Platz ist nicht automatisch ein Verzicht auf Komfort verbunden, im Gegenteil: In Tiny Houses findet man den gesamten Luxus modernen Wohnens, einschließlich aller Technologien, die das Leben erleichtern. Für den Mönch des Mittelalters und vor allem für den Eremiten ginge eine Erleichterung seines Lebens völlig am Sinn vorbei.

Neben begrenztem Wohnraum scheint sich der moderne Minimalismus, in visueller Hinsicht, über weiße Flächen zu definieren, ohne jede Menge Kunst oder gemusterte Tapeten. Dagegen mochte die Zelle des Mönchs selbst zwar denkbar einfach gehalten sein, doch erstreckte sich der klösterliche Minimalismus nicht auf Ausschmückung an sich. Die Klöster und Kirchen des Mittelalters waren äußerst farbenfroh, von den gemusterten Bodenfliesen bis hin zu den Buntglasfenstern. Üppige Stoffe ergossen sich über Altäre, kunstvolle Kelche wurden in der Eucharistie benutzt, und ins Mauerwerk waren vielfältige Motive eingemeißelt, von gekräuseltem Laub bis zu grinsenden Wasserspeiern. Während die Mönche die Verschönerung der eigenen Person als sündhaft betrachteten und als Auslöser von übertriebenem Stolz, waren sie bei ihren Gebäuden nicht so streng. Deren Zweck sollte sein, Gott zu verherrlichen und die glühende Verehrung der Mönche zu bezeugen. Der aufwändige gotische Stil in Architektur und Ausstattung diente dem Lobpreis und wurde zum Markenzeichen der mittelalterlichen Gottesverehrung – bevor er in späteren Jahrhunderten bei den Anhängern einer neuen Glaubensrichtung zum Stein des Anstoßes wurde: den Protestanten. Doch war die überschwängliche Ornamentik kein bloßer Showeffekt.

Einer der trendigsten Trends in der Selbsthilfe ist zurzeit die Erstellung eines »Visionboards«, einer Art Sammelalbum für die Wand mit all den Dingen, die man im Leben erwerben oder erreichen möchte. Visionboards können alles umfassen, von der Terrassengarnitur unserer Träume bis zur perfekten Urlaubsreise oder Karriere. Die moderne Wissenschaft hat nachgewiesen, wie wichtig es ist, sich Ziele zu setzen und den Erfolg auszumalen, erst recht, wenn man etwas Bestimmtes schaffen will. Am deutlichsten zeigt sich das bei Olympiaden, wenn Goldmedaillengewinner nach ihrem Sieg interviewt werden. Zu den vielen Komponenten des Erfolgs gehört neben einer guten Betreuung, Engagement und Talent auch die Vergegenwärtigung nicht nur des Sieges selbst, sondern auch der perfekten Performance, die ihn erst ermöglicht. Durch die wiederholte Vergegenwärtigung glauben Sportler am Ende, dass aus ihrer Vision ein wahr gewordener Traum werden kann – eine selbsterfüllende Prophezeiung.

Für die Mönche des Mittelalters waren die Wände der Kirche auch so etwas wie ein Visionboard, das ihre Ziele auf den Punkt brachte. Darstellungen von Heiligen und Engeln, von Himmel und Hölle, dem Leiden Christi und der Gelassenheit Marias führte ihnen nicht nur den Weg zur Erlösung und die Stolperfallen unterwegs vor Augen, sondern auch die göttlichen Wohltaten, die sie erwarteten. Jedes Mal, wenn die Brüder die Kirche betraten, wurden sie an den himmlischen Lohn erinnert, den sie sich erwerben konnten, was sie wieder neu motivierte.

Unter diesem Aspekt bedeutet, wie ein Mönch zu leben, ein Heim zu besitzen, das effizient ist in seiner Funktion und das uns mit Dingen umgibt, die uns nach unseren Vorstellungen leben lassen und uns zum Erreichen unserer Ziele motivieren. Egal, für welche Ausstattung wir uns entscheiden, sei es das solide Weiß des modernen Minimalismus oder die ausgelassene Farbe mittelalterlicher Kirchen, unsere Räumlichkeiten sollten die Stimmung heben und uns ermutigen, in unserer Alltagsroutine die Menschen zu sein, die wir sein möchten.

Der rechte Umgang

> Da ... einer allein nicht imstande ist, alle geistigen Gaben zu empfangen, sondern der Geist nach dem Maße des Glaubens, der in jedem ist, verliehen wird, so wird in dem gemeinsamen Leben die einem jeden verliehene besondere Gabe Gemeingut der Genossenschaft.
>
> Basilius der Große, *Die Längeren Regeln*

Einer der anderen Bereiche, in dem wir nach Meinung von Organisationsexperten unser Leben vereinfachen könnten, sind, wenig überraschend, die sozialen Medien. Unser soziales Umfeld sprengt heutzutage alle Grenzen mit seinen bisweilen Hunderten – wenn nicht gar Tausenden – von »Freunden«. Im realen Leben beschränken wir uns lieber auf ein paar wenige enge Freunde, während der Rest nur Bekannte sind. Früher waren das die Menschen, die uns unterwegs abhandenkamen und die wir nur zu organisierten Wiedersehensfeiern sahen, sofern wir uns nicht aktiv bemühten, den Kontakt zu halten. Durch die sozialen Medien können Menschen, die wir seit dem Kindergarten nicht mehr getroffen haben und die inzwischen meilenweit entfernt leben, in die kleinsten Details unseres Lebens eingeweiht sein, einschließlich der Dinge, die wir essen. Wenn heutige Datenschützer schon entsetzt sind über unser weitverbreitetes Oversharing, wären die Mönche des Mittelalters vermutlich vollkommen fassungslos, nicht unbedingt darüber, dass wir andere an unserem Mittagessen teilhaben lassen – auch wenn sie das ganz sicher verstören würde, wie viele von uns –, sondern über das schiere Ausmaß unserer sozialen Netzwerke.

Die meisten mittelalterlichen Mönche lebten in Gemeinschaften von nur ein paar Dutzend Menschen, manchmal waren es auch ein paar Hundert. Das hört sich nach viel an, aber zwei- oder sogar dreihundert Leute, das sind weniger als die Schülerschaft an einer durchschnittlichen Schule, und wir alle wissen ja, wie viele verschiedene soziale Beziehungen dort entstehen und sich vertiefen können. Zweifellos kannte ein Mönch jedes andere Mitglied seiner Gemeinschaft, wenn auch den einen oder anderen vielleicht nur flüchtig. Mit wie vielen Menschen er außerhalb der Klostermauern in Kontakt stand, war ganz unterschiedlich. Der Abt pflegte die Beziehungen zu Pächtern und Angehörigen der größeren Gemeinde, auch mit dem Adel, weil das mit der Verwaltung des Klosters und seiner Ländereien verbunden war. Andere Mönche mochten Kontakt mit Menschen aus der Stadt oder vom Land haben, wenn es um den Kauf oder Verkauf von Kunsthandwerk und Nahrungsmitteln ging oder um die Arbeit in einem angegliederten Hospital. Zwar werden die Mönche wohl ihre Familien, Freunde oder die Gemeinden, aus denen sie stammten, nicht aus dem Gedächtnis getilgt haben, doch war eine Aufrechterhaltung solcher Verbindungen nicht erwünscht. Außenstehende bedeuteten Ablenkung – genau aus diesem Grund war ein Kloster mit Mauern umgeben.

Es war für einen Mönch nicht immer leicht, sein altes Leben hinter sich zu lassen. Der Chronist Ordericus

Vitalis (1075–1142), der als Oblate von England nach Frankreich geschickt wurde und dort sein Leben lang blieb, war nicht der Einzige, der zuweilen sehnsüchtig von seinem alten Leben und Zuhause sprach. Gelegentlich hielten Mönche auch den Kontakt mit ihrer Familie. Doch wurden alle Briefe von ranghöheren Brüden gelesen, und alle »Care-Pakete« wurden in der gesamten Gemeinschaft verteilt, je nach Bedarf. Wie der heilige Benedikt es erläuterte:

> *Es sei den Mönchen durchaus nicht erlaubt, von ihren Eltern oder sonst jemand, auch nicht voneinander ohne Erlaubnis des Abtes Briefe, Eulogien oder sonst kleine Gaben anzunehmen oder zu verschenken. Selbst wenn einem etwas zugeschickt wird, und wäre es auch von den Eltern, darf er es nicht wagen, es anzunehmen, wenn es nicht zuvor dem Abt angezeigt worden ist. Ist der Abt einverstanden, dass es angenommen werde, so steht es ihm frei zu bestimmen, wer es erhalten soll; der Bruder, an den es geschickt war, werde nicht unwillig darüber, damit dem Teufel kein Anlass gegeben werde.[33]*

Die schönen warmen Wollsocken, die seine Mutter für einen Mönch gestrickt hatte, konnten also leicht an den Füßen des schon älteren Bruders William landen, statt an seinen eigenen. Das regte nicht gerade dazu an, in Kontakt zu bleiben.

Wie Schüler, Flugreisende oder irgendwelche anderen Gruppen, die längere Zeit miteinander verbringen, schlossen auch Mönche Freundschaften mit den Menschen in ihrem unmittelbaren Umfeld. Und wie bei allen Gruppen mit gemeinsamen Erfahrungen – vor allem wenn diese einem viel abverlangten – waren das

*Nachdem Mönche ihre Gelübde abgelegt hatten, schrumpfte ihr Um-
feld auf eine Handvoll Menschen zusammen, die die gleichen Werte
teilten, die gleichen Dienste verrichteten und den gleichen Prüfungen
ausgesetzt waren.*

Quelle: Stundenbuch, Fol. 166v, um 1430–1435 (Detail); Walters Art Museum, Baltimore, W.168.

Menschen, die wie kein anderer das Leben des Mönchs kannten, die Härte, die Routine, das Schnarchen von Bruder Johannes und alles dazwischen.

Die Synergie aus gemeinsamer Erfahrung und gleichen Zielen bei den Mönchen war die unabdingbare Voraussetzung dafür, dass es im Kloster rund lief. Novizen hatten nur deswegen eine einjährige Probezeit, damit sichergestellt werden konnte, dass für sie und für die Gemeinschaft der Brüder alles passte. Wie der Verfasser der Klosterregel von Barnwell es ausdrückte: »Die Brüder sollten achtgeben, dass sie nicht jemanden auswählen, dessen Wahl sie womöglich hinterher bereuen.«[34] Schließlich waren Klöster ja überhaupt erst eingerichtet worden, damit fromme, gläubige Menschen einander dabei unterstützen konnten, Sünden zu vermeiden und Erlösung zu erlangen. Da war es von entscheidender Bedeutung, dass die Beziehungen innerhalb der Klostergemeinschaft stabil waren. Die Einmischung von Leuten, die nicht die gleiche Einstellung und die gleichen Ziele hatten, war ein unerwünschter Störfaktor.

Der Hauptunterschied zwischen Beziehungen in der heutigen Welt und denen in der klösterlichen Welt des Mittelalters ist, dass Entfernungen keine Rolle mehr spielen. Hatte ein Mönch erst einmal sein Klosterdasein begonnen, fiel sein altes Leben von ihm ab. Für uns heute ist ein Schulabschluss, ein Umzug oder ein Jobwechsel noch lange kein Grund, dass alte Freundschaften zu Ende gehen. Es wird, im Gegenteil, viel eher erwartet, dass wir den Kontakt halten. Für einen Mönch wäre ein solches Festhalten an der Vergangenheit in mehr als einer Hinsicht ein Klotz am Bein gewesen und auch für sein neues Leben ohne Bedeutung.

Eine populäre Maxime lautet: Wir sind der Durchschnitt unserer fünf engsten Beziehungen. Was Glück, Ausbildung und sogar Körpergewicht betrifft, liegen wir irgendwo zwischen diesen Menschen. Ob das nun alles genau so zutrifft oder nicht, auf jeden Fall ist wissenschaftlich erwiesen, dass wir ungeheuer stark vom Handeln unserer Peergroup beeinflusst werden. Wenn zum Beispiel einer aus der Gruppe sportlich aktiver wird oder sich scheiden lässt, neigen auch wir eher dazu. Das gilt auch in puncto Erfolg: Wenn die Menschen in unserem Umfeld erfolgreich sind, dann werden wir das ebenfalls.[35]

Wenn es so ist (und das ist es), dann sollten wir unsere Beziehungen einmal genauer unter die Lupe nehmen und schauen, ob die Menschen, mit denen wir die meiste Zeit verbringen, unser Leben bereichern oder es eher beeinträchtigen. Der Vorteil des riesigen Netzwerks unserer Beziehungen, vor allem über die sozialen Medien, ist, dass es uns die Möglichkeit gibt, unsere Gemeinschaften mit Bedacht aufzubauen, Gruppen von Gleichgesinnten beizutreten und Beziehungen mit Menschen zu verfestigen, die uns unterstützen und die wir im Gegenzug ebenfalls unterstützen können. Als Vorbild können wir uns dafür die Synergie eines Ordenshauses nehmen. Unsere Beziehungen können und sollten von gegenseitigem Nutzen für unsere Freunde, unser weiteres Umfeld und uns selbst sein.

Reden ist Silber, Schweigen ist Gold

Mangelnde Kontrolle über die Zunge ist ein deutliches Anzeichen für einen zügellosen Geist und ein vernachlässigtes Gewissen.

Klosterregel von Barnwell

Über das Festhalten an Beziehungen zu Menschen außerhalb unseres aktuellen Umfelds und unserer aktuellen Lebensphase hinaus wäre jemand wie der heilige Benedikt noch über ein anderes Phänomen des modernen Lebens entsetzt gewesen: das ständige Geschnatter der Menschen von morgens bis abends. Mönche waren gehalten, den Großteil des Tages in Schweigen zu verbringen, mit Ausnahme der Gottesdienste und der einzelnen Male, wenn sie im Kapitelsaal etwas Wichtiges zu sagen hatten. Zwar war es ihnen gestattet, zu bestimmten Zeiten zu sprechen, wie die Brüder in der Barnwell Priory, die sich zwischen Non und Vesper äußern durften, doch war das grundlegende Bestreben immer die Stille. In Barnwell war es selbst in der freien Zeit nur dann erlaubt, das Wort zu ergreifen, wenn der ranghöchste anwesende Bruder mit dem Segenswort »Benedicte« die Unterhaltung eröffnete.

Nach Ansicht des heiligen Benedikt war geistloses Geplauder bestenfalls störend und schlimmstenfalls destruktiv. Deshalb bestand er auch auf Stille während der Mahlzeiten, mit Ausnahme der einsamen Stimme des Mönchs, der dazu eingeteilt war, den Brüdern in der jeweiligen Woche aus einem erbaulichen Text vorzulesen. Die Hauptsorge Benedikts in Bezug auf das Sprechen war, dass die Brüder sich womöglich skeptisch über die Grundüberzeugungen oder Gepflogenheiten der Abtei äußerten, was sich zu Zweifel und Dissens in der gesamten Gemeinschaft auswachsen mochte. Falls ein Bruder eine Frage zum verlesenen Text oder zu einer Entscheidung des Abts hatte, sollte er diese nicht laut vor allen anderen stellen, sondern sie später einem ranghöheren Mönch vortragen.[36]

Das Schweigen brachte allerdings so seine Herausforderungen mit sich, denn mitunter ist es ja nun einmal unerlässlich zu kommunizieren, dass man etwas braucht. Aus diesem Grund dachten sich hungrige Mönche eine einfache Zeichensprache aus, um an das zu gelangen, was sie benötigten, ohne die Lesung zu stören. Zeichen wie »Reich mir mal das Salz« wurden später dann schriftlich festgehalten, damit auch in anderen Klöstern das Leben für alle etwas einfacher wurde. Eine altenglische Abschrift der *Monasteriales Indicia* enthält 127 Zeichen für alltägliche Gegenstände oder Vorgänge. Einige davon würde man heute noch verstehen – zum Beispiel das Reiben der Hände, das dem Gegenüber signalisiert »Kann ich mal die Seife haben?«. Andere Zeichen wie das Streichen mit den Händen über den Oberschenkel, um sich die Unterwäsche reichen zu lassen, würden vermutlich einige Missverständnisse auslösen.[37]

Wie alle, die schon einmal während eines langen Gottesdienstes, Schultags oder langweiligen Arbeitstreffens versucht haben, ernst zu bleiben, wissen, brauchen wir natürlich nicht unbedingt zu sprechen, um miteinander zu kommunizieren. Eine hochgezogene Augenbraue, ein Seufzen oder gar – Gott bewahre – ein unterdrücktes Kichern können schon ausreichen, um einen ernsten Augenblick zu kippen, ohne dass auch nur ein einziges Wort fällt. Der heilige Benedikt hatte

das garantiert schon allzu oft miterlebt, als er anordne-
te:

> *Sobald man zur Stunde des Gottesdienstes das Zeichen*
> *vernommen hat, lege man alles aus der Hand und kom-*
> *me in größter Eile herbei, jedoch mit Ernst, damit kein*
> *Anlass zur Leichtfertigkeit gegeben werde.*[38]

Während man leicht Anlass zur Leichtfertigkeit gibt, indem man lautlos mit seinen Mitbrüdern um die Wette
zur Kirche läuft, und Langeweile oder Frustration allein
durch Körpersprache zum Ausdruck bringen kann, ist
es nahezu unmöglich, seine spontanen Gedanken über
sein Mittagessen, seinen Lieblingspodcast oder seine
Meinung zu Reality-TV ohne Worte kundzutun. Das
Beharren des heiligen Benedikt auf Schweigen schränk-
te tatsächlich die Albernheiten und das Geschwätz erheblich ein, aber offensichtlich nicht vollständig. *The
Ancren Riwle*, ein Handbuch für Einsiedlerinnen aus
dem 13. Jahrhundert, beklagt das verbreitete Sprichwort
»Von der Mühle und vom Markt, von der Schmiede und
vom Nonnenkloster bringen die Leute Neuigkeiten
mit«.[39]

Was der heilige Benedikt erkannte und was ihn zu
seinen häufigen Ermahnungen gegen das Murren veranlasste, war, dass Worte unsere Realität gestalten.
Durch das, was wir uns selbst und anderen sagen, formen wir Narrative über uns und die Welt, die wiederum
beeinflussen, wie wir sie wahrnehmen und uns in ihr
verhalten. Der heilige Benedikt fürchtete, dass zu viel
Gemurre über die Mühsal des Klosterlebens das gesamte Unternehmen hinfällig machen würde, da die Brüder
auf den Gedanken kommen könnten, so große Entsa-

gung wäre doch eigentlich unmöglich. Deshalb ging er
so weit zu gebieten: »Vor allem darf nie das Laster des
Murrens aus irgend einem Anlass in irgendeinem Wort
oder Zeichen zu Tage treten.«[40] Mit einer Stille, die nur
mit den Worten der Kirchenväter, der Bibel und des Ge-
bets erfüllt wurde, ließ sich die Wahrnehmung der Brüder kontinuierlich so lenken, dass sie ihre Realität und
ihren Weg als positiv und lohnend empfanden.

Wissenschaftliche Studien haben ergeben, dass dies
auch heute noch funktioniert. Wer sich immerzu dem
pessimistischen Reden anderer Menschen oder der Medien aussetzt, sieht die Welt deutlich negativer, während sich durch eine Umdeutung von Widrigkeiten ins
Positive seelische Turbulenzen viel besser überstehen
lassen. Einige dieser Studien wurden mit Menschen
durchgeführt, die sich in kargen Umgebungen aufhalten, etwa an den Polen oder im Weltall.[41]

Statt unsere Ohren mit geistlosem Geschnatter zu
füllen, sollten wir bewusst entscheiden, was wir uns
anhören und von wem, damit wir entsprechend unseren Vorstellungen von der optimalen Gestaltung unseres Lebens den narrativen Rahmen abstecken können.
Dazu mögen das Führen eines Tagebuchs, Gespräche
mit einer Vertrauensperson oder auch positive Affirmationen hilfreich sein.[42] Immer wieder Worte des Trostes,
der Hoffnung und des Glaubens zu sprechen kann uns
seelisch aufbauen und uns helfen, mit den Schwierigkeiten des Lebens umzugehen, so wie es auch für die
Mönche des Mittelalters funktioniert hat.

Optimierte Verhaltensweisen

Er soll nicht von der einen zur anderen Beschäftigung übergehen. Denn sich auf mehrere verteilen und von einem zum anderen übergehen, ohne eins zu vollenden, ist entweder das Zeichen eines wirklich leichtsinnigen Charakters oder es führt dazu.

Basilius der Große, *Die Längeren Regeln*

Von antiken Philosophen bis zu heutigen Produktivitätsgurus bestätigen uns alle, dass der todsichere Weg zu einem stressfreieren, produktiveren und sinnvolleren Leben über gute Verhaltensweisen führt. Wenn überhaupt jemand beweisen kann, dass unser Verhalten uns als Mensch definiert, dann sind es die Mönche und Nonnen des Mittelalters. Es ist schließlich kein Zufall, dass die Ordenstracht, die sich an den schlichtesten Kleidern des Mittelalters orientiert und heute noch von Nonnen getragen wird, Habit heißt (von Habitus = Verhalten, Haltung).

Nach Aussage heutiger Experten machen uns feste Verhaltensweisen vor allem deswegen produktiver, weil dadurch die Notwendigkeit der ständigen Entscheidungsfindung entfällt. Das vereinfacht unser Leben um einiges.[43] Wenn wir weniger Zeit darauf verwenden, bei jeder Kleinigkeit die Optionen abzuwägen, haben wir mehr Zeit für das, was wir in dieser Zeit eigentlich tun möchten. Für den heiligen Benedikt war das einer der Hauptgründe, warum er seine *Regel* überhaupt erst aufgeschrieben hat. Er war nicht nur bemüht, das in seinen Augen beste System für die Führung eines geordneten und angemessen gottgefälligen Ordenshauses einzuführen, er beseitigte auch

Die Ordenstracht einer Nonne (nach dem Vorbild schlichter mittelalterlicher Kleider) wird heute noch als »Habit« bezeichnet.

Quelle: Stundenbuch (in Gebrauch in Lüttich), Fol. 93r, um 1300–1310 (Detail); Walters Art Museum, Baltimore, W.37.

die Notwendigkeit für Spekulationen seitens der Mönche. Wer nach einer Antwort suchte, brauchte nur in der *Regel* nachzuschauen.[44]

Noch über der *Regel* stand die Verpflichtung der Mönche, ihrem Abt in allen Dingen zu gehorchen. Gehorsam war eines der drei Gelübde, die ein Mönch bei seinem Eintritt in die Ordensgemeinschaft ablegte, und seine Bedeutung wird wiederholt von Benedikt herausgestellt. So erklärt er gleich zu Beginn seiner Mönchsregel: »An dich richtet sich nun mein Wort, der du dem eigenen Willen entsagst und die herrlichen Heldenwaffen, die der Gehorsam dir bietet, ergreifest zum Kampfe für Christus, den Herrn, den wahren König.«[45] Selbst wenn ein Mönch in seinem Innern überzeugt war, dass der Abt Unrecht hatte, sollte er das allein mit Gott ausmachen und sich fügen.

Aber da wir nun einmal alle nur Menschen sind, wurde den Äbten nicht in allem Folge geleistet. Es ist bekannt, dass Brüder beispielsweise persönliche Dinge in die Abtei schmuggelten oder sich im Obstgarten mit Geliebten trafen. Aber wir wissen ja von uns selbst, dass wir unsere Gelöbnisse auch nicht immer einhalten, wie wir an der langen Liste von unerfüllten Vorsätzen für das neue Jahr ablesen können. Doch können wir von den Mönchen des Mittelalters einmal mehr lernen, wie man die Verhaltensweisen, an denen man festhalten möchte, dann auch tatsächlich beibehält: durch Schaffung von Ritualen.

Rituale sind optimierte Verhaltensweisen – Verhaltensweisen, die mit Bedeutung erfüllt sind. Für die Mönche des Mittelalters war naturgemäß die Bedeutung hinter allen Ritualen geistlicher Natur. Das Ritual der Eucharistie erinnerte an das Letzte Abendmahl, bei dem Jesus seinen Jüngern erklärt hatte, dass das Brot und der Wein ihres gemeinsamen Mahles Symbole seines zum Opfer dargebrachten Leibes und Blutes seien. Die rituelle Fußwaschung nahm Bezug auf eine Begebenheit im Neuen Testament, bei der Jesus, Maria Magdalena und die Apostel es ebenso gemacht hatten, in Demut und ohne Rücksicht auf die eigene Gesundheit. Das Ritual des Glockengeläuts beschwor Assoziationen mit Feier, Zusammenkunft und Dringlichkeit herauf. Der Tag im Kloster war vollständig ausgefüllt mit ritualisierten Aktivitäten sowohl geistlicher als auch praktischer Natur. Wenn sich die Brüder vor dem Essen die Hände wuschen, ließ sie die Reinigung des Körpers an die spirituelle Reinigung denken. Wenn sie jeden Morgen um die gleiche Zeit aufwachten, um Matutin zu feiern, begannen sie ihr Tagwerk und setzten gleichzeitig ihren Biorhythmus in Gang. Wenn sie einander im Vorübergehen grüßten und segneten, erinnerte sie das nicht nur an die Segnungen durch ihre geistlichen Mentoren, es schuf auch Beziehungen.

Für moderne Menschen mit weniger Bezug zum Religiösen wäre wohl eher der jeweils zweite Teil dieser Rituale das zentrale Ziel – Hygiene, eine gesunde Schlafroutine und Beziehungspflege –, doch das Ergebnis bleibt das gleiche. Wenn wir eine Verhaltensweise einüben wollen, die unser Leben besser macht, dann empfiehlt es sich, ihr eine Bedeutung zu geben, die über den reinen Vorgang hinausgeht, eine Bedeutung, die uns dem Menschen näher bringt, der wir sein möchten. Indem wir in Verhaltensweisen investieren, die unsere Persönlichkeit stärken, behalten wir sie leichter bei, selbst an Tagen, an denen wir versucht sind, damit aufzuhören. Für mittelalterliche Klosterbrüder war ihre Identität als Mönch, als Diener Jesu, ganz wesentlich für ihr Selbstverständnis, wodurch sie auch ihren Ritualen leichter treu bleiben konnten, selbst wenn sie einmal gefehlt hatten.[46]

Zu guter Letzt können wir auch von den Mönchen des Mittelalters lernen, unsere Verhaltensweisen zu optimieren und unser Leben zu vereinfachen, indem wir die strukturierte Routine ihres Tagesablaufs nachempfinden. Der Tagesablauf im Kloster richtete sich nach dem Kalenderjahr und dem Stundengebet. Beides zusammen gab den Mönchen vor, was sie zu beten, lesen und singen hatten. An jedem Tag wussten sie: Erst kam ein Gottesdienst, dann eine Pause, gefolgt von einer weiteren Aktivität, dann wieder ein Gottesdienst und so weiter.

Eine beliebte Methode unserer Tage, seine Produktivität zu steigern, ist an das HIIT (hochintensives Intervalltraining) aus dem Sportbereich angelehnt. Dabei werden Aktivitäten in »Sprinteinheiten« absolviert. Man stellt sich einen Timer, legt sich die ganze Zeit über ohne Ablenkung ins Zeug und belohnt sich dann mit einer Pause oder einer anderen Aktivität. Die Überlegung dahinter ist, dass es sehr viel einfacher ist, sich für eine kurze Zeitspanne auf etwas zu konzentrieren, vor allem wenn man weiß, dass es hinterher eine Belohnung gibt.

Möglicherweise zum Leidwesen heutiger Produktivitätsexperten war in der klösterlichen Lebensweise der Nutzwert dieser Strategie bereits umgesetzt. Die Mönche hatten nicht nur feste Zeiten fürs Arbeiten und fürs Beten, sondern auch festgelegte Pausen – Essenszeiten, Freizeit und sogar Toilettenzeiten. Wie der heilige Benedikt es dezent formuliert, »bestimme man die Zeitordnung also: nach einer ganz kurzen Pause, während der sich die Brüder zu leiblichen Bedürfnissen entfernen können, folgen auf die Metten alsbald die Laudes ...«.[47]

Fairerweise muss man einräumen, dass die Mönche des Mittelalters den Vorteil hatten, dass sie nicht über Smartphones rund um die Uhr mit einer Unmenge von Menschen und Informationen verbunden waren, weshalb die Konzentration auf eine einzelne Aufgabe für einen längeren Zeitraum für sie wohl etwas leichter war. Allerdings sind wir ja schließlich keine Sklaven unserer Smartphones – auch wenn es uns mitunter so vorkommt – und wenn wir gerne so fokussiert sein möchten wie mittelalterliche Mönche, dann lohnt es sich, einmal genauer hinzuschauen, wie sie das bewerkstelligten.

Die Kernforderung des Minimalismus ist, Ablenkungen so weit wie möglich zu reduzieren, damit man sich auf das konzentrieren kann, was einem wichtig ist.

Aus ebendiesem Grund war Minimalismus auch ein grundlegender Bestandteil des klösterlichen Lebens im Mittelalter. Es stimmt zwar, dass es im Mittelalter weniger Ablenkung in Form von Nachrichtenschwemme und Zeitdruck gab, doch sind es immer noch wir selbst, die darüber entscheiden, welche Anreize wir zulassen und mit welchen Aktivitäten wir unsere Zeit ausfüllen. Wenn wir unseren Besitz auf ein Mindestmaß beschränken, unser Leben mit realen und sinnvollen Beziehungen bereichern und unsere Verhaltensweisen optimieren können, dann sind wir auch imstande, zur nächsten Komponente des klösterlichen Lebens fortzuschreiten: zu innerem Frieden.

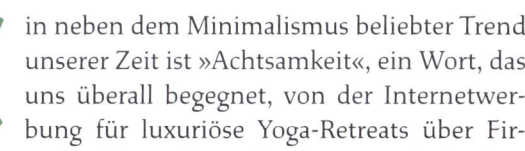

3.
DER BLICK NACH INNEN

Suche den Frieden und jage ihm nach.

Benedikt von Nursia,
Die Mönchsregel des heiligen Benedikt

Ein neben dem Minimalismus beliebter Trend
unserer Zeit ist »Achtsamkeit«, ein Wort, das
uns überall begegnet, von der Internetwer-
bung für luxuriöse Yoga-Retreats über Fir-
menmemos bis hin zu Fettgedrucktem an der Laden-
kasse. Für uns moderne Menschen, die wir ständig in
Eile sind und mit Lärm, Nachrichten und Geschwätz
bombardiert werden, bietet Achtsamkeit die Möglichkeit, zu entschleunigen und uns auf uns selbst zu besin-

nen – auf unsere Werte, unsere Bedürfnisse und unsere
Ziele. Für einen Mönch aus dem Mittelalter bedeutete
Achtsamkeit, sich seiner selbst und seiner Stellung im
Universum bewusst zu sein. Wenn wir uns in puncto
Achtsamkeit an den mittelalterlichen Mönchen ein
Beispiel nehmen, gibt uns das die Chance, uns wieder
neu als Individuen und als Menschen in einem Bezie-
hungsgeflecht zu begreifen.

Meditation

> Vergiss ... die Welt, und existiere einzig aus dem Körper
> heraus; gib dich in glühender Liebe deinem geliebten
> [Erlöser] hin, der vom Himmel herabgekommen ist in
> deines Herzens Kemenate, und halte ihn fest, bis er dir
> alles gewährt hat, nach dem du begehrst.
>
> The Ancren Riwle

Meditation wird schon seit Tausenden von Jahren
praktiziert, sie geht weit vor die Zeit des Mittelalters zurück und wird zweifellos noch weit in die Zukunft
hinein Bestand haben. Heutzutage wird Meditation zumeist mit östlichen Traditionen in Zusammenhang gebracht, vor allem mit dem Buddhismus, und viele sehen
in ihr überhaupt keinen Bezug zum Christentum. Doch
beinhaltet die religiöse Praxis sowohl im Buddhismus
als auch im Christentum Gebet *und* Meditation.

Manche definieren Beten als eine aktive Tätigkeit.
Jemand spricht zu einem göttlichen Wesen, bittet um
Rat oder Orientierungshilfe oder redet sich vielleicht
auch nur Kummer oder Dankbarkeit von der Seele. Meditation wird dagegen vielfach als wesentlich passiver

beschrieben. Man lauscht auf ein göttliches Wesen, aufgeschlossen für etwaige Lehren, Orientierungshilfen oder Trostworte, die man dabei empfängt. Ganz allein dazusitzen und sogar noch die Ablenkung durch die eignen Wünsche außen vor zu lassen kann dabei helfen, dass sich förderliche Gedanken einstellen. Denn wie heißt es so schön in der *Ancren Riwle*: »Kaum je ist ein Engel einem Menschen in der Menge erschienen.«[48] Die Grenzen zwischen Gebet und Meditation sind oft etwas unscharf, aber als Definitionshilfen eignen sich die Kategorien Sprechen und Zuhören ganz gut.

Die Vorstellung, dass man beim Meditieren still dasitzen sollte mit einem leeren Geist, ist heutzutage weit verbreitet, und bei der Jagd nach diesem unerreichbaren Ziel geben viele auf. Dabei kann Meditation auch bedeuten, sich (so intensiv wie nur möglich) auf eine einzelne Sache zu konzentrieren und dorthin wieder zurückzukehren, wenn die Gedanken unvermeidlich abschweifen. Während sich die Menschen heute in der Regel auf ihre Atmung konzentrieren oder einfach nur darauf, den Augenblick bewusst wahrzunehmen, legten die Mönche des Mittelalters den Schwerpunkt auf geistliche Themen.

Meditation wird auch als Möglichkeit gesehen, den Geist zur Ruhe zu bringen und ihn zu öffnen für göttlichen Beistand beziehungsweise Inspiration.

Quelle: Gebetbuch, Fol. 14r, frühes 16. Jh. (Detail); Walters Art Museum, Baltimore, W.432.

Im Mittelalter war ein großes Thema der geistlichen Meditation der sterbliche Körper Jesu und insbesondere sein Leiden. Aus theologischer Sicht ist das einleuchtend, da erst das Leiden Christi die Erlösung des Menschen ermöglicht, doch es hatte auch eine praktische Komponente. Schließlich ist Jesu Menschennatur viel leichter nachvollziehbar als seine Göttlichkeit. Während die Unendlichkeit des Weltalls kaum zu begreifen ist, kann von körperlichen Schmerzen wohl jeder ein Lied singen. Ein umfassendes Verständnis der körperlichen Qualen des irdischen Jesu diente dazu, auch das Ausmaß seines Opfers begreiflicher zu machen.

Unter denen, die am tiefsten in diese Form der Meditation eintauchten, waren auch einige fromme Frauen, vor allem Anachoretinnen. Juliana von Norwich, eine Mystikerin aus dem 14. Jahrhundert, schrieb ihre Visionen von Jesus auf, über die sie später dann meditierte. Viele davon drehen sich um Jesu Blut, Schweiß und Tränen. Ihre allererste Vision handelte von der Dornenkrone:

> *Und plötzlich sah ich viel rotes Blut unter dem Dornenkranz herabtropfen, ganz heiß, frisch und lebendig, ganz so wie ich dachte, dass es damals geschah, als die Dornenkrone auf Sein gesegnetes Haupt gepresst wurde.*[49]

Julianas Vision war sozusagen eine Antwort auf ihre flehentliche Bitte, mit Jesus leiden zu dürfen, doch musste klösterliche Meditation nicht zwingend einen so schaurigen Charakter haben. Wie das Beispiel aus der *Ancren Riwle* zeigt, war es absolut vertretbar und wurde auch gefördert, sich stattdessen hinzusetzen und in einer wohltuenden Meditation über die Liebe Jesu zu

Mönchen wurde nahegelegt, über Jesu Menschennatur zu meditieren, um sein Leiden besser begreifen zu können.

Quelle: Gebetbuch, Fol. 57v, um 1500 (Detail); Walters Art Museum, Baltimore, W.436.

schwelgen. Auch zu Meditationen über das Wirken von Heiligen, die treue Nachfolge der Apostel oder die Gottesmutter Maria wurden die Klosterbrüder angeregt. Im *Dialog über die Wunder* (einer Sammlung von Zisterziensergeschichten aus dem 13. Jahrhundert) empfiehlt ein frommer Mönch einem Novizen: »Ihr braucht beim Beten nicht zu sprechen, sondern nur nachzudenken über des Erlösers Geburt, über sein Leiden, seine Auferstehung und anderes, das euch bekannt ist.«[50] Selbst unter Julianas Meditationen waren auch vergleichsweise zahme, wie die, in der sie über eine Vision reflektiert, in der Jesus ihr eine Haselnuss gab und sie erkannte, dass selbst in solch kleinen Dingen das ganze Ausmaß von Gottes Liebe enthalten ist.[51]

Der mentale wie auch der körperliche Nutzen von Meditation ist schon seit Längerem ein Forschungsgegenstand, und die Ergebnisse sind erstaunlich. Wie nachgewiesen wurde, fühlen sich Menschen nach dem Meditieren ausgeglichener und können besser mit Traumata, Ängsten und Depressionen umgehen – mitunter sogar davon genesen. Aber das alles war zu erwarten. Doch sind die positiven Auswirkungen der Meditationsübung auch von Dauer, selbst bei denen, die damit aufgehört haben. Menschen, die meditieren, haben noch Jahre später ihre Gefühle besser im Griff, was sie auch langfristig dazu befähigt, die Belastungen des Lebens besser zu bewältigen. Zwar empfehlen viele, die regelmäßig meditieren, eine tägliche Dauer von 20 Minuten, doch haben Studien ergeben, dass sich die seelische Gesundheit auch schon nach drei Minuten am Tag verbessert.[52]

Die innere Ruhe, die wir mit den Mönchen des Mittelalters assoziieren, mag daher rühren, dass sie wussten, wo sie hingehörten, und sich nach einem guten Leben und Sterben der ewigen Seligkeit sicher sein konnten. Doch könnte sich ihre Aura des friedvollen Wohlbefindens ebenso gut auf regelmäßige tägliche Meditation zurückführen lassen, die ihren Geist darin

Religiösen Bildern wie diesem vom Wundmal auf Jesu Hand wohnten nach allgemeinem Glauben Kräfte inne, die sie zu einem guten Meditationsfokus machten. Der Schmutz, der sich auf dem Pergament angesammelt hat, legt nahe, dass die Seite häufig in Gebrauch war.
Quelle: Stundenbuch, Fol. 140v, um 1460–1470 (Detail); Walters Art Museum, Baltimore, W.202.

schulte, sich auf die ihrer Einschätzung nach wichtigsten Dinge zu konzentrieren.

Egal, was wir zum Gegenstand unserer Meditationen machen, solange wir uns auf etwas Positives oder Neutrales konzentrieren und nicht einfach nur Probleme wälzen, kann auch uns regelmäßiges Meditieren dauerhaften Seelenfrieden und Gelassenheit bescheren, ohne dass wir dafür ein Keuschheitsgelübde ablegen müssen.

Lesen

Oftmals, liebe Schwestern, solltet ihr weniger beten und dafür mehr lesen ... Beim Lesen stellt sich, wenn das Herz Entzücken empfindet, Hingabe ein, und die wiegt viele Gebete auf.

The Ancren Riwle

Mönche, vor allem die, die bereits als Kinder ins Kloster gekommen waren, erhielten eine grundlegende Schulbildung (siehe Kapitel 4) zu dem vorrangigen Zweck, sie lesen zu lehren. Das war mehr als nur ein Zeitvertreib. Lesen war ein Grundbaustein des Klosterlebens, und von den Mönchen wurde erwartet, dass sie jeden Tag einen Großteil ihrer Zeit damit verbrachten, vor allem an Sonntagen.

Dass alle die Heilige Schrift kannten und insbesondere die Psalmen war eine Grundvoraussetzung, doch war eine Klosterbibliothek mit Schätzen angefüllt, die weit über die Bibel und die *Mönchsregel des heiligen Benedikt* hinausgingen. Zu den religiösen Texten gehörten auch die Schriften der frühen Kirchenväter wie Hieronymus und Augustinus, die als bekehrte Sünder bereits den Stand der Heiligkeit erlangt hatten und darüber hinaus die theologischen Schwergewichte waren, auf deren Werken die Lehren der mittelalterlichen Kirche zu einem großen Teil basierten.

Eine weitere Sparte religiöser Texte bildeten die Hagiographien (Heiligenleben), spannende Geschichten, die ausführlich die qualvollen Prüfungen und Martyrien der Heiligen sowie ihre überirdischen Kräfte schilderten. Hagiographien konnten fast so schlüpfrig sein wie heutige Abenteuerromane oder Fernsehserien, da weibliche Heilige wie Katharina von Alexandrien meist von ihren heidnischen Peinigern nackt ausgezogen wurden, bevor sie Folter und Tod erlitten und dabei auch noch Wunder vollbrachten. Da mochten die Bilder, die gelegentlich die Texte ergänzten, für so manchen Klosterbruder nicht nur eine geistliche Inspiration gewesen sein, sondern auch die Art lüsterner Gedanken ausgelöst haben, die er im Nachhinein würde beichten müssen.

Auch wenn meist erst die frühe Neuzeit als Wiedergeburt (Renaissance) der klassischen Gelehrsamkeit genannt wird, waren schon die Mönche des Mittelalters mit den Werken antiker Philosophen wie Plato und Aristoteles vertraut, deren Lehren auf vielfältige Weise Eingang ins Christentum fanden. Insbesondere die Naturlehre des Aristoteles stand hoch im Kurs – obwohl sie auf den ersten Blick im Gegensatz zu den biblischen Lehren zu stehen schien –, da sie die Funktionsweise der materiellen Welt beleuchtete, über deren Realitäten man nicht einfach hinwegsehen konnte.

Zusätzlich zu den Werken der antiken Philosophen waren Klosterbibliotheken auch mit den Schriften antiker und zeitgenössischer Ärzte bestückt. Cassiodor, ein Klostergründer aus dem 6. Jahrhundert, fordert die Mönche in seiner Abtei auf, sich mit den antiken medizinischen Quellentexten vertraut zu machen:

Solltet ihr keine Griechischkenntnisse besitzen, so habt ihr zunächst das Herbarium des Dioscurides zur Verfügung, der die Feldgräser mit bewunderungswürdiger Genauigkeit beschrieben und gemalt hat. Dann lest die ins Lateinische übersetzten Werke des Hippokrates und die Therapeutica, die Galenus dem Philosophen Glauco

> *widmete, ... Schließlich nehmt das Werk »De medicina«*
> *des Caelius Aurelius und Hippokrates' »De herbis et cu-*
> *ris«,und die verschiedenen anderen Bücher, die über die*
> *Heilkunst geschrieben wurden. Mit Gottes Hilfe hin-*
> *terlasse ich euch diese Bücher unter besonderem Ver-*
> *schluss in unserer Bibliothek.*[53]

Cassiodors Bemerkung, er habe seine Sammlung für die
Mönche mit Gottes Hilfe zusammengestellt, beweist,
dass die Weisheiten der Antike, auch wenn sie heidnischen Ursprungs waren, durchaus geschätzt und nicht
verachtet werden sollten.

Erstaunlicher noch als das Interesse der Mönche für
das antike Schrifttum mutet an, dass in ihren Biblio-
theken auch Werke islamischer Denker standen, von
denen viele in den Bereichen Medizin, Astronomie,
Physik und Mathematik den Europäern weit voraus waren. Der *Kanon der Medizin* von Abū al-Husain ibn Abd
Allāh ibn Sīnā – in Europa bekannt unter dem Namen
Avicenna – war das Standardwerk in der Medizin, und
Muhammad ibn Musa al-Chwarizmis Rechenmethode
brachte christliche Denker in neue Sphären mathema-
tischer Erkenntnisse.[54]

Den Mönchen war es nicht gestattet, nach Lust
und Laune in der Klosterbibliothek zu stöbern. Bücher
wurden zugewiesen, je nachdem, welches Wissen ein
Mönch zu erwerben hatte. Insbesondere zu Beginn der
Fastenzeit händigte der Bibliothekar jedem Bruder ein
Buch zu seiner geistlichen Erbauung aus. In der Barn-
well Priory führte der Bibliothekar zudem, ganz ähn-
lich wie seine heutigen Kollegen, genau Buch über die
Ausleihe, indem er »in seinem Verzeichnis die Titel der
Bücher sowie die Namen derer, die sie in Empfang nah-

Mönche bekamen jeweils einzeln Bücher zur Lektüre in der Fastenzeit ausgeliehen und mussten sorgfältig damit umgehen.

Quelle: Antiphonale von Beaupré, Bd. 3, Fol. 207v, um 1280 (Detail); Walters Art Museum, Baltimore, W.761.

men,« eintrug. Des Weiteren war der Bibliothekar dafür zuständig, »von den Lesern erbrachte Mängel« zu bereinigen sowie die Bücher der Abtei abzustauben, instand zu setzen und einzubinden.[55]

Lesen war im Mittelalter nicht unbedingt eine leise Angelegenheit, doch hinter den Klostermauern sollte sich ein Bruder dabei so still verhalten, dass er die anderen nicht störte, nicht einmal durch zu geräuschvolles Umblättern.[56] Der heilige Benedikt legte so großen Wert auf stille, konzentrierte Lektüre, dass sich seine Warnung an potenzielle Störenfriede ausgesprochen bedrohlich ausnimmt:

> *Man sehe aber darauf, dass einer oder zwei ältere Brüder bestimmt werden, die zu den Stunden, wenn die Brüder der Lesung obliegen, durch das Kloster gehen und nachsehen sollen, ob sich nicht ein träger Bruder finde, der, anstatt eifrig zu lesen, müßig ist oder schwätzt, und so nicht bloß für sich keinen Nutzen hat, sondern noch andere vom Lesen abhält. Fände sich ein solcher, was ferne sei, so werde er einmal und ein zweites Mal zurechtgewiesen; bessert er sich nicht, dann verhänge man über ihn die von der Regel vorgesehene Strafe, und zwar so, dass die anderen dadurch abgeschreckt werden.[57]*

Der hohe Stellenwert, den das Lesen innerhalb der Klostergemeinschaften einnahm, kann nicht genug betont werden. Viele Menschen heutzutage sehen das ganz ähnlich. Die tägliche Lektüre wird von nicht we-

Der heilige Benedikt (hier abgebildet) bestand darauf, dass alle Mönche regelmäßig lasen, und verhängte Strafen für diejenigen, die die Konzentration der Brüder störten.
Quelle: Gebetbuch, Fol. 21r, frühes 16. Jh. (Detail); Walters Art Museum, Baltimore, W.432.

nigen Leistungsträgern als wesentliche Komponente ihres Erfolgsgeheimnisses genannt.[58] Von dem Motivationstrainer und Radiokommentator Earl Nightingale stammt die Aussage, dass man, wenn man sich jeden Tag eine Stunde mit einem Thema beschäftigt, innerhalb weniger Jahre zu einem internationalen Experten in diesem Thema werde. Für Mönche war das Ziel naturgemäß, Experten in theologischen Fragen zu werden – wenn auch nicht unbedingt, um darüber zu predigen, so doch zumindest für das eigene Verständnis.

Wie gründlich man sich über ein Thema belesen hat, ist ohne Zweifel von großer Bedeutung und führt zu Sachkompetenz; nicht weniger wichtig ist aber auch die Bandbreite unserer Lektüre. Das führen uns die alten Klosterbibliotheken eindrucksvoll vor Augen. Steve Jobs, einer der innovativsten Köpfe des 20. Jahrhunderts, erklärte, dass die Vielfalt der Seminare, die er an der Universität besuchte, großen Anteil an Apples einzigartigem Design hatte. Unter den Kursen, die ihn am meisten beeinflussten, nannte er einen in Kalligrafie – eine Inspirationsquelle, die einem mittelalterlichen Mönch sicherlich gefallen hätte.[59]

Die Mönche des Mittelalters verband ihr Interesse an der Theologie, aber sie wussten auch, dass ihre Gemeinschaften auch durch das Studium anderer Themengebiete über die Bibel hinaus enorm bereichert wurden. Auch wenn sie wohl nicht alle Texte gutheißen würden, die uns heutigen Lesern geboten werden, würden sie uns sicher um das breite Spektrum an Lesestoff beneiden, über das wir buchstäblich auf Knopfdruck verfügen können, vor allem wenn man bedenkt, dass jedes Wort, das sie lasen, vorher mit der Hand kopiert worden war. Bei all dem Fachwissen und dem Vergnüglichen, das uns zur Verfügung steht, und den vielen Wohltaten, die das Lesen mit sich bringt, wie etwa innere Ruhe, Empathie, Inspiration und Freude, können wir, wenn wir dem Rat des heiligen Benedikt folgen und uns täglich eine Lesezeit gönnen, auf ganz einfache und unterhaltsame Weise unser Leben verschönern.

Wunden der Vergangenheit

Jede Phase deines Lebens, deiner Kindheit, deiner Jugend – sei ihnen allen eingedenk.

The Ancren Riwle

Wie heutige Psychologen uns versichern, geht man wohl am wirksamsten mit schweren Erinnerungen, Emotionen oder Traumata um, indem man sie nicht etwa verdrängt, sondern sich ihnen frontal stellt. Eine Unterdrückung negativer Gefühle ist der direkte Weg in die psychische Erkrankung und Verzweiflung.[60] Die Mönche des Mittelalters mögen das etwas anders gesehen haben, da sie ja negative Gefühle ausdrücklich verdrängen sollten. Doch das diente eher dazu, sie davon abzuhalten, sich selbst (und andere) in der Arbeit und der Konzentration zu stören. Sie waren kaum so naiv zu glauben, dass sich negative Gefühle so einfach in Luft auflösen würden. Vielmehr sollten Mönche und Nonnen in stillen Momenten ihre Sorgen und Nöte vor Gott bringen und ihn um Hilfe bitten.

Der vielleicht entscheidende Unterschied zwischen moderner Therapie und mittelalterlichem Gebet besteht darin, dass den Menschen heute oftmals nahegelegt wird, sich problematische Situationen in ihrer Vergangenheit vorzunehmen, um darin die Komponenten zu finden, für die sie verantwortlich sind, und das loszulassen, was nicht ihre Schuld war. In der Regel wird jemandem, der sich mit psychischen Problemen auseinandersetzt, vermittelt, dass Menschen nun mal fehlbar sind und dass man nicht zu hart mit sich und seinen Fehlern ins Gericht gehen sollte.

Wie in vielen anderen Fällen war die mittelalterliche Haltung auch in dieser Sache davon abhängig, wen man fragte. Die Kirche vertrat zwar den Standpunkt, dass der Mensch fehlbar ist, doch bedeutete das nicht automa-

Die Beichte war ein zentraler Bestandteil des christlichen Glaubens im Mittelalter, denn niemand konnte mit seinen Sünden auf dem Gewissen in den Himmel gelangen. Glücklicherweise konnte ein Mönch mittels Beichte, Reue und Buße frühere Sünden auslöschen.

Quelle: Herzog Albrechts Tafel vom christlichen Glauben und Leben (Winterteil), Fol. 112v, 1400–1404 (Detail); Walters Art Museum, Baltimore, W.171.

tisch, dass man sich so einfach aus der Verantwortung stehlen konnte. Auch wenn die Christen im Mittelalter einander ihre Sünden verzeihen und menschliche Schwächen akzeptieren sollten, wurde großer Wert darauf gelegt, dass man zu seinen Fehlern stand, damit man nicht ins Fegefeuer oder in die Hölle kam, weil man nicht angemessen Wiedergutmachung geleistet hatte. Die *Ancren Riwle* sagt es ohne Umschweife: »Nichts Gutes, das in uns steckt, kommt aus uns selber, das Gute in uns stammt von Gott; unsere Sünde aber kommt aus uns selber und ist einzig und allein unser Werk.«[61]

Interessanterweise gibt es einen gemeinsamen Nenner zwischen moderner Therapie und mittelalterlichem Glauben: die Ermunterung, die Dinge beim Namen zu nennen. Den Menschen heute wird nahegelegt, ihre Gefühle in Worte zu fassen, damit sie sich mit ihnen auseinandersetzen können, und aus Studien geht hervor, dass der Vorgang des In-Worte-Fassens häufig schon Erleichterung verschafft.[62] Die Mönche des Mittelalters wurden in ähnlicher Weise ermutigt, ihre Seelenqualen den begangenen Sünden zuzuordnen. Negative Gefühle wie Zorn oder Neid waren leicht zuzuordnen, sodass der Mönch im Gebet oder bei der Beichte leichter die Ursache seiner Qual benennen konnte – indem er beispielsweise erkannte, dass er Bruder Anselms Kamm nur deswegen versteckte, weil er neidisch war auf Anselms Aussehen. Eine Benennung der Sünde ermöglichte es bei der Beichte, eine angemessene Buße zu verhängen, was den Mönch in die Lage versetzte, die Sünde aus seinem Sündenregister zu streichen und sein Gewissen davon zu entlasten.

Statt die Last vergangener Vergehen mit sich herumtragen zu müssen, konnten Mönche und Nonnen durch

Gebet, Reue oder gute Werke für ihre Fehler büßen und von ihnen losgesprochen werden. Ähnlich können wir, wenn wir mit Erinnerungen konfrontiert werden, die uns verstören oder quälen, überlegen, inwiefern wir dafür Verantwortung tragen – oder auch nicht – , aussprechen, was wir fühlen, und, entweder unter Anleitung eines Therapeuten oder allein, lernen loszulassen.

Bewusstsein für den Körper

Die fromme Einsiedlerin, mag sie auch in noch so hohen Gefilden schweben, muss mit Rücksicht auf ihren Körper zuweilen auf die Erde hinunterkommen – und essen, trinken, schlafen, sprechen und, wenn es notwendig wird, von irdischen Dingen hören.

The Ancren Riwle

Die Mönche und Theologen des Mittelalters waren, das sahen wir ja schon in Zusammenhang mit den Klostergärten, sehr interessiert daran, wie das Universum funktionierte, denn sie wollten Gottes Plan und seine Wunderwerke so gut wie möglich begreifen. Als Angehörige der einen Spezies, die der Bibel zufolge nach Gottes Ebenbild erschaffen wurde, war es für die Menschen, die sich so intensiv mit Gott beschäftigten, naheliegend, auch ihre eigene Physiologie näher erforschen zu wollen.

Die christliche Lehre untersagte die Durchführung von Autopsien, daher war man für das Verständnis der inneren Abläufe des Körpers auf das angewiesen, was man von Tieren, Verletzungen und den Schriften früherer Gelehrter wusste – insbesondere islamischer Ärzte, die sich in der Medizin erheblich besser auskannten als ihre westlichen »Kollegen«. Wenn man bedenkt, wie beschämend wenig ihre antiken medizinischen Quellen wie Hippokrates oder Galen den Menschen des Mittelalters über die menschliche Anatomie vermittelt hatten, sind die scharfsinnigen Beobachtungen damaliger Mönche über die Funktionsweise des Körpers wirklich bemerkenswert. Dass das Herz das Blut durch den Körper pumpt, dass Kopfverletzungen Persönlichkeitsveränderungen verursachen können, dass manche Krankheiten anhand von Urinproben diagnostiziert werden können – das alles und noch viel mehr erkannten sie.

Trotz der offenkundigen Begeisterung für anatomische Abläufe wurde der menschliche Körper von den Mönchen immer wieder als sündhaft herabgewürdigt und häufig dafür bestraft, dass er Dinge wollte, die der betroffene Mönch nicht zulassen durfte, wie etwa mehr Essen, mehr Schlaf oder Sex. Die Mittel, mit denen Mönche ihre Körper für diese Gelüste züchtigten, konnten ziemlich brutal sein und reichten von Fasten bis zum Tragen von Büßerhemden und Selbstgeißelung. Gleichzeitig war eine gewisse Achtung für den Körper, wie alle anderen Aspekte des mittelalterlichen Lebens, fest in der Theologie verwurzelt. Wie wir gesehen haben, war eine kontemplative Betrachtung des sterblichen Körpers Jesu und seiner Qualen eine fruchtbringende und geförderte Praxis. Da der eigene Körper dem Menschen so vertraut ist wie kaum etwas anderes, war er auch ein gutes Medium, um theologisches Gedankengut zu erläutern, wie zum Beispiel im Kolosserbrief (1,18), wo es heißt: »Er [Christus] ist das Haupt, der Leib aber ist die Kirche.«

Mönchen war sehr daran gelegen, dass ihr Körper
so vollkommen wie möglich war, damit sich in ihm
die Vollkommenheit Gottes widerspiegelte, daher bevorzugten sie Novizen, die nicht irgendwelche körperlichen Beeinträchtigungen aufwiesen. Irgendwie lässt
sich das nicht so recht mit ihren Lehren von der Näch-
stenliebe vereinbaren, stand aber in Einklang mit anderen Vorstellungen über Kleriker und körperliche »Vollkommenheit«.[63] Das Paradoxe bestand natürlich darin,
dass ein Geistlicher zwar attraktiv sein sollte, sich dessen aber nicht bewusst sein durfte, denn dann würde er
sich ja der Sünde der Eitelkeit schuldig machen. (Leider
scheinen wir das heutzutage immer noch – besonders
von schönen Frauen – zu erwarten.)

Was uns von diesen Mönchen unterscheidet, ist,
dass ihre Vorstellungen von körperlicher Vollkommenheit nicht an extreme Schlankheit oder Muskelpakete
gebunden waren. Eine gottgleiche Gestalt war im Mittelalter nicht deckungsgleich mit dem, was wir heute
vielfach darunter verstehen – man denke nur an die aktuelle Filmversion des Gottes Thor. Extrem viel Muskel-
masse bei einem Mann zeugte von harter körperlicher
Arbeit, während Jesus zwar bei einem Zimmermann
aufgewachsen war, sich jedoch nicht mit irgendwel-
chen übermenschlichen Kraftakten hervorgetan hatte.

Einige religiöse Asketen, vor allem Frauen, schienen
nach der radikalen Magerkeit zu streben, die sich durch
exzessives Fasten einstellt – eine Obsession, die zuweilen auch als »spirituelle Anorexie« bezeichnet wird.[64]
Die Freude an einer solchen Auszehrung hat jedoch
nichts damit zu tun, dass man ein Idealbild von weibli-
cher Schönheit erfüllte (das Schönheitsideal des Mittelalters war nicht die abgemagerte Gestalt, sondern eher

die »birnenförmige«, wie es in modernen Frauenzeit-
schriften gelegentlich heißt), sondern vielmehr damit,
dass man sich erfolgreich der Versuchung widersetzt
und den Genuss des Essens versagt hatte. Ratgeber für
Frauen wie *The Ancren Riwle* empfahlen ihnen, nicht zu
sehr zu fasten, denn dann würden sie, im kranken und
schwachen Zustand, nicht mehr angemessen Gott dienen können. Mäßigung war hier eher angesagt.

Die klösterliche Lebensweise im Mittelalter drehte
sich zwar zu einem großen Teil um die Kontemplation,
doch war sie viel aktiver, als wir vielleicht denken. Da es
noch keine Maschinen gab, die einem alltägliche Arbeiten wie Kochen, Abwaschen, Wäschewaschen oder Hei-
zen erleichterten, mussten Mönche ziemlich viel körperliche Arbeit leisten. Insbesondere die Zisterzienser
waren bestrebt, sich nicht übermäßig von der Mithilfe
von Laienbrüdern abhängig zu machen, und betrieben
auch selbst Landwirtschaft, wodurch sie gut in Form
blieben. Da sie regelmäßig Brennholz hacken, auf-
schichten und ins Dormitorium tragen, Wassereimer
fürs Hände-, Geschirr- und Kleiderwaschen schleppen
und Tabletts mit Essen und Getränken ins Refektorium
bringen mussten, werden Klosterbrüder eine drahtige
Muskulatur gehabt haben.

Mönche machten sich keine Gedanken über ihre
Figur, es ging ihnen einzig darum, dass sie ausreichend
Kraft hatten, um die Dinge zu erledigen, die getan werden mussten. An dieser Einstellung können und sollten
wir uns heute noch ein Beispiel nehmen. Dem Körper
hin und wieder auch einmal eins seiner Gelüste zu ver-
weigern – etwa indem man ein viertes Stück Kuchen
ablehnt, wenn man bereits bis oben hin satt ist – ist gar
nicht so schlecht. Es lohnt sich, erst einmal zu überle-

gen, was genau wir essen sollten, und das dann mit Bedacht und Dankbarkeit zu verzehren. Vollkommen unnötig und auch unklug ist es dagegen, zu hungern oder die Fitness so weit zu treiben, dass wir krank werden und nicht mehr imstande sind, ein Leben zu führen, wie wir es uns wünschen. Statt uns wie wild um einen Figurtyp zu bemühen, der selbst in unseren Medien nur als etwas Unerreichbares gilt, sollten wir überlegen, *wofür* wir einen kräftigen Körper haben wollen. Wie die Mönche können wir Aktivitäten in unseren Alltag einbauen, die uns fit genug halten, um Krankheiten abzuwehren und Dinge zu tun, die uns Spaß machen wie Laufen, Radfahren oder Schwimmen, und so sowohl unsere Gesundheit als auch unsere Lebensqualität zu verbessern.

Anonymität kann von Vorteil sein

Eine gute Tat, die vor die Welt gezerrt wird, geht durch diese Anmaßung nicht nur verloren, sie ist auch abstoßend in den Augen Gottes.

The Ancren Riwle

Einer der frustrierendsten Aspekte seiner Arbeit ist für den Mittelalterhistoriker der Versuch, das Leben und Wirken von Menschen wie etwa den Mönchen vermittels ihrer schriftlichen Aufzeichnungen zu rekonstruieren. Und das liegt daran, dass die allermeisten mittelalterlichen Texte anonym sind. Nur äußerst selten sind wir in der Lage, zuverlässig den Namen eines Autors oder Kopisten zu nennen. Das bedeutet, wir sind angewiesen auf Hinweise wie charakteristische Formulierungen, Schreibweisen oder die Handschrift.

Nach mittelalterlicher Denkart blieb man nicht deswegen ungenannt, um zukünftige Leser oder neugieri-
ge Historiker zu ärgern. Es handelte sich dabei vielmehr
um eine bewusste Auslöschung der Person, damit die
Botschaft umso klarer hervortreten konnte. Schließlich
waren Mönche ja auch angehalten, sich über praktische
Aspekte hinaus gleich zu kleiden, das Gleiche zu singen,
das Gleiche zu essen und die gleiche Frisur zu tragen.
Mit dem Aufopfern des eigenen Ichs bekundete man
Demut und Bescheidenheit. So wäre das Bestreben des
Historikers, das Individuum hinter dem Geschriebenen
hervorzuzerren, den Mönchen und Nonnen vermutlich
ebenso zuwider gewesen, wie der Versuch einer Demas-
kierung am Wesentlichen vorbeigeht. (Allerdings sind
unsere Absichten gänzlich andere.)

Im *Dialog über die Wunder* schildert ein Mönch namens Caesarius von Heisterbach in Hunderten von Geschichten die guten – und mitunter auch bösen – Taten
von historischen wie von Persönlichkeiten, die Caesarius und seinen Zeitgenossen bekannt waren, um klösterliche Prinzipien wie Bußfertigkeit und Beichte für
Novizen einsichtiger zu machen. In seinem Prolog verschleiert Caesarius bewusst seinen Namen mit der Begründung: »... wenn nämlich der Text den Namen des
Autors verschweigt, versagt und vertrocknet die Zunge des Kritikers am ehesten«[65], mit anderen Worten:
Nichts vom Wert des Gesagten geht verloren, weil vielleicht jemand etwas gegen den Autor hat. Doch konnte sich Caesarius einen Hinweis dann doch nicht ver-
kneifen – vielleicht ist er ja dem Stolz erlegen, oder er
wollte glaubwürdiger erscheinen –, denn er beginnt die
einzelnen Bücher mit Buchstaben, die sich zu seinem
Namen zusammensetzen lassen. Andernfalls wüssten

wir höchstwahrscheinlich gar nichts von seiner Autorenschaft.

Interessant am *Dialog über die Wunder* ist auch, dass zwar viele der Mönche, die in den Geschichten vorkommen, Caesarius oder Menschen aus seinem Umfeld bekannt gewesen sein müssen, die meisten Namen aber mit Worten wie »ein bestimmter Mönch« oder »ein Kleriker« verschleiert sind. An manchen Stellen geschah dies, weil Caesarius angibt, den Namen nicht zu kennen, in anderen Fällen hätte es gegen die Regel verstoßen, in seiner eigenen Beichte jemand anderen bloßzustellen[66], und wieder andere Male verbot es das Feingefühl des Caesarius, wie als er erklärt: »Ich möchte nicht das Haus und den Ritter nennen, damit er sich nicht etwa beschämt fühlt wegen dem, was ich erzählen werde, weil er noch lebt.«[67] Wie aus seinem Prolog hervorgeht, ist Caesarius der Auffassung, dass man gar nicht immer den Namen eines Menschen kennen muss und dass es zuweilen sogar schädlich sein kann. Die Moral der Geschichte ist sehr viel wichtiger als der Autor und selbst der Akteur in der Sache.

Diese Bescheidenheit zeigt sich auch andernorts, so zum Beispiel im Werk der Anachoretin Juliana von Norwich, der wir ja bereits begegnet sind. Juliana ist nach der Kirche benannt, in der sich ihre Zelle befand – St. Julian in Norwich –, da ihr richtiger Name gar nicht bekannt ist. Selbst in zeitgenössischen Berichten über Gespräche mit ihr, etwa in der Autobiografie einer Pilgerin namens Margery Kempe oder in Testamenten, in denen ihr Legate vermacht werden, wird sie nicht namentlich genannt. Das deutet darauf hin, dass die meisten Menschen den Namen damals schon nicht kannten. Juliana hielt es auch in ihren eigenen Werken nicht für

notwendig zu erklären, wer sie ist, und vielleicht mein-
te sie ja auch, dass es den Schriften schaden würde. Da
sie nach eigenen Angaben erst in späteren Jahren Anachoretin wurde, gab es viel Zeit in Julianas Leben, aus
der Menschen, die sie in Verruf bringen wollten, unter
Umständen schmutzige Geheimnisse ans Licht bringen konnten. Da war es dann doch besser, anonym zu
bleiben, um den Fokus auf ihrer Botschaft von Hoffnung und Liebe zu halten.[68] Es haben im Lauf der Jahre
schon so viele Menschen Juliana zitiert, ohne dass sie
ihre Identität kannten, was ja durchaus dafür sprechen
könnte, dass die Identität am Ende doch keine so große
Bedeutung hat.

In der heutigen Welt wird Anonymität als Waffe,
als Werkzeug oder auch als Geschenk eingesetzt. Ano-
nyme Social-Media-Accounts dienen als Schutzschild
für toxische Bosheiten, die einen frommen Mönch
aus dem Mittelalter zutiefst schockiert hätten (was
allerdings nicht heißen soll, dass es nicht auch gift-
sprühende Mönche gab). Andererseits ermöglicht uns
Anonymität auch heute noch, Dinge mitzuteilen, bei
denen die Botschaft wichtiger ist als der Überbringer.
So erlaubt die Anonymität beispielsweise Opfern von
sexuellen Übergriffen oder von Unterdrückung, sich
zu äußern, ohne dass sie dadurch in ihrer Existenz be-
droht werden.

Heutzutage werden wir dazu animiert, lautstark
und selbstbewusst unseren Individualismus kundzutun, und das ist eine wundervolle Freiheit, von der viele
Menschen im Mittelalter nur träumen konnten. Aber es
gibt auch Augenblicke, in denen es wichtig ist, unsere
eigenen Stimmen mal etwas herunterzudrehen, damit
die von anderen gehört werden können – zu retwee-

ten, statt selbst zu tweeten, zu verstärken und nicht ins Rampenlicht zu treten. Für mittelalterliche Mönche kamen solche Augenblicke häufig, und zwar in Zusammenhang mit den heiligen Schriften, deren Botschaften im Wesentlichen die Betonung des gemeinschaftlichen geistlichen Wohlbefindens vor dem individuellen zum Inhalt hatten. Auch für uns heutige Menschen lohnt es sich, bevor wir die Aufmerksamkeit auf uns lenken, einmal kurz darüber nachzudenken, ob den uns am Herzen liegenden Botschaften nicht mehr gedient ist, wenn unsere Egos nicht noch Verwirrung stiften.

Dankbarkeit

Könnte es, geliebte Brüder, Wonnigeres für uns geben als diese Worte, womit der Herr uns einlädt? Seht, in seiner Vaterhuld zeigt uns der Herr den Weg des Lebens.
Benedikt von Nursia,
Die Mönchsregel des heiligen Benedikt

Der Kernpunkt des Christentums ist das Versprechen, dass Menschen, die an Christus glauben und aufrichtig reumütig sind, ein ewiges Leben in Frieden, Trost und Freude geschenkt wird. Dass dieses Versprechen für alle gilt, die die Bedingungen erfüllen, ist für die Gläubigen schon auf Erden eine Quelle des Trostes und der Freude und ein Grund für unendlich viel spirituelle Dankbarkeit. Zwar galt ein Großteil der Dankbarkeitsübungen mittelalterlicher Mönche dem ewigen Leben, das ihnen in Aussicht stand, doch waren es die Mönche gewohnt, den Tag über immer wieder innerlich Danke zu sagen für große wie für kleine Dinge.

Das Leben im Mittelalter war in keinerlei Hinsicht ein Zuckerschlecken. In einer Zeit, in der es weder temperaturgeregelte Häuser noch Supermärkte und schon gar keine Antibiotika gab, war man sehr viel stärker auf Gedeih und Verderb von Umweltfaktoren abhängig. So konnte etwa eine Jahreszeit mit zu viel Regen schon Erkältung, Hungersnot und den Tod nach sich ziehen. Die Menschen waren sich – vermutlich besser als wir heute – bewusst, dass jeder Atemzug, jede Mahlzeit, jedes Zusammensein mit einem Freund ein Segen ist, für den man dankbar sein musste.

Im klösterlichen Kontext war Dankbarkeit ein in mehrfacher Hinsicht einfaches Konzept. Ohne Gott würde überhaupt nichts existieren. Ohne Jesus wären alle für ewige Zeiten zur Hölle verdammt. Mit dieser Sichtweise kann man schwerlich nicht dankbar sein. Doch da der Mensch nun einmal ist, wie er ist, brauchten selbst die Mönche kleine Gedankenstützen.

Ein aktueller Trend, um uns heute dazu zu ermahnen, für all das Gute in unserem Leben dankbar zu sein, ist, einen Stein in der Jacken- oder Hosentasche dabeizuhaben. Jedes Mal, wenn man in die Tasche greift, um Schlüssel oder Kleingeld herauszuholen, gibt einem der Stein den Anstoß dazu, einen Augenblick innezuhalten und dankbar zu sein. In vergleichbarer Weise erinnerten sich die Mönche im Mittelalter an Jesu Opfertat, für die sie immer dankbar sein mussten, indem sie sich bekreuzigten. Kruzifixe waren im Kloster allgegenwärtig, von der Kirche bis in die Schlafsäle, und wie wir aus den Anleitungen der Barnwell Priory für Novizen wissen, falteten die Brüder immer, wenn sie sich hinsetzten, ihre Gewänder in Form eines Kreuzes. Dem Novizen in Barnwell wurden noch weitere Maßnahmen an die

Hand gegeben, sich im Lauf des Tages immer wieder die Kreuzigung bewusst zu machen, so etwa dass er beim Zubettgehen über sich selber sowie über sein Bett dreimal das Kreuzzeichen machen soll und dann noch einmal beim Aufstehen; dass er sich mit demselben Zeichen stärken soll ... und dass er niemals etwas essen soll, sofern es nicht zuvor von ihm selbst oder von einem anderen gesegnet wurde, und dass er nach dem Essen Gott danken soll.[69]

All diese kleinen Momente und Gesten dienten dazu, dass sich der Bruder wieder neu auf den Grund besann, aus dem er überhaupt erst in den Genuss dieser Wohltaten gekommen war, um dann angemessen dankbar sein zu können – egal, wie ihm die frühe Stunde oder Tag 36 mit Fasten-Aal auf dem Teller behagte.

Bei zu häufigem Gebrauch können symbolische Gesten natürlich ihre Bedeutung verlieren, ebenso, wie wir auch den Stein in unserer Jackentasche schnell ignorieren, wenn wir ständig auf ihn stoßen. Aber wir können uns genauso schnell daran erinnern, warum wir es uns ursprünglich angewöhnt haben, besonders wenn wir, wie die Mönche im Mittelalter, andere das Gleiche tun sehen.

Studien unserer Tage haben nachgewiesen, dass sich Dankbarkeitsübungen am Morgen oder vor dem Schlafengehen positiv auf die Stimmung und den Erfolg der Menschen auswirken.[70] Sich, bevor man den Tag beginnt, ein paar Minuten Zeit zu nehmen, um Danke zu sagen, steigert ganz allgemein die Zufriedenheit. Zwar ist eigentlich nur ein kurzer Moment der Besinnung nötig, doch raten Experten dazu, drei bis fünf Dinge aufzuschreiben, für die man dankbar ist. Das gibt uns auch etwas an die Hand, auf das wir zurückschauen können, wenn wir an manch anderen Tagen zu kämpfen haben. Glücklicherweise brauchen wir uns dafür kein teures Pergament zu besorgen, wir können Schmierpapier oder Post-its benutzen oder uns eins von den vielen hübschen Dankbarkeitstagebüchern zulegen, die es zu kaufen gibt, oder eine App mit hilfreichen Notifications herunterladen. Wie auch immer wir Dankbarkeit in unser Leben einbauen, wenn wir dem klösterlichen Beispiel folgen und sie uns zur täglichen Gewohnheit werden lassen, wird uns das auf lange Sicht zufriedener – und erfolgreicher – machen.

Den Glauben bewahren

> *Es möge sich niemand einbilden, dass er in aller Behaglichkeit zu den Sternen gelangen kann.*
>
> The Ancren Riwle

Auch wenn es das Klosterleben einem Ordensangehörigen, umgeben von anderen gläubigen Brüdern beziehungsweise Schwestern, eigentlich erleichtern sollte, zu allen Zeiten seinen Glauben zu bewahren, wurden in Wirklichkeit auch Mönche und Nonnen von Zweifeln und Anfechtungen geplagt.

Angesichts der den Gläubigen bewusst auferlegten Härte ist es kein Wunder, dass sie während kalter Nächte, scheinbar endloser Fastenperioden und nervtötender Routinearbeiten von Zweifeln heimgesucht wurden. Es handelte sich bei ihnen eben nicht um die stumpfsinnigen Roboter, als die sie so häufig in den modernen Medien dargestellt werden, sondern um echte Menschen, die sich hin und wieder fragten, wozu all ihre Entbehrungen eigentlich gut waren. In einer Kultur, in der Zweifel und Hoffnungslosigkeit an sich schon als sündhaft galten, hat die geballte Last der täglichen Härte und der Schuldgefühle über seinen Kleinglauben so manchen Angehörigen einer Klostergemeinschaft dazu getrieben, auszutreten oder sich sogar das Leben zu nehmen.

Die spezielle Art von Verzweiflung, die aus der klösterlichen Eintönigkeit und einem Gefühl von Sinnlosigkeit entstand, ist unter dem Begriff »Acedia« bekannt. Caesarius beschreibt diese Empfindung einem Novizen folgendermaßen:

> Verdrossenheit [Acedia] ist ein aus einem Affekt des Geistes entstandener Kummer sowie eine Unlust und übermäßige Verbitterung der Seele, durch welche die geistliche Heiterkeit ausgelöscht wird und der Geist in einem Abgrund der Verzweiflung in sich selbst untergeht. Die accedia (Verdrossenheit) wird gewissermaßen auch acidia (Säuerlichkeit) genannt, weil sie uns die geistlichen Werke widerwärtig und unschmackhaft macht. ... Die Ableger der Verdrossenheit oder des Kummers sind: Boshaftigkeit, Groll, Kleinmut, Verzweiflung, Trägheit gegenüber den Geboten, Abschweifung des Geistes zum Verbotenen. Die Verdrossenheit versucht viele und richtet viele durch Verzweiflung zugrunde.[71]

Er veranschaulicht das noch mit Geschichten von Mönchen, die unter dem Einfluss der Acedia Mühe haben, morgens aufzustehen oder ihren Pflichten nachzukommen.

Auch wenn die geistlichen Oberhirten Acedia grundsätzlich verdammten, verstanden sie doch, was es damit auf sich hatte, und bemühten sich nach Kräften, das Problem zu lindern. Brüdern in der Barnwell Priory, die sich von ihrem Alltag überfordert fühlten, wurde geraten, eine Pause einzulegen, um den Kopf freizubekommen und ihre geistige Gesundheit mit Spaziergängen und Besuchen bei befreundeten Brüdern wiederherzustellen.

> *Brüder nehmen zuweilen gesundheitlichen Schaden durch die Verdrießlichkeit des Lebens in der Klausur oder durch das lang anhaltende Schweigen, gelegentlich durch Müdigkeit beim Chorgebet oder zu langes Fasten, bisweilen auch durch Schlaflosigkeit oder Überarbeitung ... Wer von diesen oder ähnlichen Beschwerden betroffen ist, kann nicht mehr lesen oder singen und auch nicht angemessen einer der anderen Pflichten nachkommen, die mit der Befolgung der Klosterregel einhergehen. Aufgrund eines solchen Anfalls sollte er sich jedoch nicht ins Infirmarium begeben oder dort verweilen, denn er benötigt keine Medizin, sondern nur Ruhe und Behaglichkeit. [Mit Erlaubnis] mag er durch den Weinberg, den Garten und am Flussufer entlang spazieren, oder er mag aus dem [Kloster-]Gelände hinaus in die Felder, Wiesen, Wälder oder an sonstige Orte gehen ... und sogar, zu seiner Zerstreuung, seine Mahlzeiten mit den Ausgebluteten einnehmen; er mag für kurze Zeit dem [Altarraum], dem Studium und der Klausur fernbleiben und so durch Ruhe, Ernährung und Entspannung binnen kurzem seinen vormaligen Gesundheitszustand wiedererlangen.[72]*

Man kann also davon ausgehen, dass die Kirche zwar grundsätzlich in Sachen Hoffnungslosigkeit eine harte

Haltung einnahm, da sie nun mal davon ausging, dass ein hoffnungsloser Mensch kein Vertrauen mehr in Gottes Plan und seine Weisheit hatte, Mönche und geistliche Berater aber Mitgefühl für die empfanden, die sich quälten.

Doch wurde den betreffenden Mönchen nicht nur eine Erholungspause und die vorübergehende Entbindung von ihren Pflichten gewährt, es wurde ihnen auch ins Gedächtnis gerufen, dass ihre Berufung nun mal mit Leiden einherging. Schmerzlich geprüft zu werden, so versicherte man ihnen, sei eine gute Sache, und niemand sei davon ausgenommen. »Hier eine weitere Bestärkung, die euch bei Anfechtungen ein großer Trost sein sollte«, heißt es in der *Ancren Riwle*:

> *Der Turm wird nicht mehr angegriffen und auch nicht die Burg oder die Stadt, nachdem sie eingenommen wurden; ebenso bedrängt der Höllenfürst niemanden mit seinen Versuchungen, den er schon in seiner Hand hat; er überfällt nur die, die er noch nicht besitzt.*[73]

In Versuchung zu sein oder unter Acedia zu leiden sind kein Grund für einen Bruder aufzugeben, denn es bedeutet, er ist noch im Kampf. Versuchung an sich ist noch kein Scheitern, es ist eine Herausforderung, die es zu überwinden gilt.

Was die zitierten Autoren nahelegen, ist nicht eine Veränderung der Lebensumstände, sondern eine andere Sichtweise: Konzentriere dich nicht so sehr auf die Härten, sondern auf die damit verbundenen Möglichkeiten. Statt dir selbst leidzutun, überlege vielmehr, was du aus der Situation lernen kannst.

Ebenso, wie wir darauf achten müssen, auf welches Gerede wir hören und woran wir uns beteiligen, sollten wir uns auch der Art und Weise bewusst sein, wie wir unsere Schwierigkeiten sehen. Die moderne Psychologie hat nachgewiesen, dass man mit einer anderen Sichtweise besser mit Belastungen umgehen kann, und das nicht nur im akuten Fall, sondern auch in späteren Krisen. Nur wenige Dinge schaden der geistigen Gesundheit mehr, als immer wieder negativen Gedanken nachzuhängen.[74] Da es sehr schwer ist, sich selbst aus der Grübelei zu reißen, hatte man in mittelalterlichen Klöstern immer ein waches Auge für diejenigen, die im Begriff waren, in Acedia zu versinken. Die Mönche waren geübt darin, einzuschreiten und einem verzweifelten Mitbruder wieder auf die Beine zu helfen, damit er sich mit seiner Situation arrangieren konnte. So können wir es auch mit uns selbst und mit unseren Freunden machen: uns darin üben zu merken, wenn wir zu sehr ins Grübeln geraten, und dann unsere Gedanken behutsam wieder auf Kurs bringen und die Abwärtsspirale stoppen.

Unabhängig von unserer spirituellen Glaubensrichtung kann uns die Weisheit aus der *Ancren Riwle* in schweren Zeiten eine große Hilfe sein. Für niemanden ist das Leben immer nur eitel Sonnenschein – zu dieser Regel gibt es keine Ausnahme. Doch der Turm bleibt nicht unter Belagerung, wenn der Kampf bereits gewonnen ist. Wir werden uns nicht immer traurig oder deprimiert fühlen, auch wenn uns das mitunter so vorkommen mag. Solange man lebt, besteht die Hoffnung, dass es einmal besser werden wird, und wenn wir uns auf diese Hoffnung konzentrieren, befinden wir uns schon auf dem Weg hinaus aus der Dunkelheit.

4
DER BLICK NACH DRAUSSEN

So ersprießlich sind Liebe und guter Wille, dass das Gute, das sie bei einem andern erwirken, auch uns selber zum Vorteil gereicht.

The Ancren Riwle

ine wesentliche Komponente des mittelalterlichen Christentums war der Dienst am Nächsten. In der modernen Welt sind wir uns der Bedeutung von Gemeinschaft und dem Streben nach einem gemeinsamen Ziel sehr bewusst, umso mehr, seit wir uns während der Corona-Pandemie voneinander fernhalten mussten. Bei einem Mönch im Mittelalter kann man sich eine Teilnahme an oder gar ein Engagement in der Welt außerhalb seiner Klostermauern nur schwer vorstellen. Doch wirkten damals Mönche und Nonnen in vielfacher Weise, um den Men-

schen in ihren Gemeinden – und sogar noch uns heute
– das Leben zu erleichtern.

Wissensweitergabe

> *So muss die Seele, solange sie noch leicht zu bilden und
> zart ist, und das, was in sie gelegt wird, sich wie in wei-
> ches Wachs leicht einprägt, gleich von Anfang an zu je-
> der Übung guter Werke angehalten werden.*
>
> Basilius der Große, *Die Längeren Regeln*

Da nach dem Glauben der Christen im Mittelalter
jeder Mensch von Geburt an ein Sünder ist und
Sünde ohne Reue zur ewigen Verdammnis führt, ver-
wundert es wenig, dass die damalige Geistlichkeit sehr
darum bemüht war, das Wort Gottes möglichst vielen
zu verkünden, um so viele Seelen zu retten, wie sie nur
konnten. Eins der wirksamsten Mittel, dieses Ziel zu erreichen, war die Bildung.

Die ersten Lehrer der Kinder waren zwar, wie es
auch heute noch vielfach der Fall ist, die Mütter, doch
eine formale Bildung erhielt man im Mittelalter zumeist in Kathedralen und Klöstern. Nach dem Vorbild
der Jungen, die zur ritterlichen Ausbildung in andere
Haushalte in Pflege gegeben wurden, begann auch der
Unterricht in den Klosterschulen im Alter von sieben
Jahren.[75] Mädchen wurden entweder zu Hause von
ihren Müttern oder Privatlehrern unterrichtet oder, in
selteneren Fällen, von Nonnen in einem Nonnenstift.
Für Mädchen war eine formale Schulbildung zumeist
der direkte Weg zu einem Leben als Nonne, während
Jungen viele berufliche Laufbahnen offenstanden.

Bei den drei Jungen, die hier vom hl. Nikolaus gerettet werden, scheint es sich um Schüler zu handeln, wie ihre Tonsuren nahelegen.

Quelle: Gebetbuch, Fol. 164v, um 1430–1440 (Detail); Walters Art Museum, Baltimore, W.164.

Schulkinder lernten als Erstes Latein, damit sie ihre Gebete und die Psalmen lesen und verstehen konnten, und dazu noch weitere Gesänge, die sie für den Gottesdienst brauchten. Latein war (zumindest im Westen) als Sprache der Wissenschaft und Lehre schon seit Langem an die Stelle von Griechisch getreten. In dieser Sprache unterhielten sich und schrieben die Gebildeten, von Angehörigen des Klerus bis zu Angehörigen des Hofes, was sich in vielen Fällen überschnitt. Damit ein Mönch die Mysterien der heiligen Messe und die Lehren der Kirchenväter verinnerlichen konnte, kam er nicht umhin, Latein zumindest lesen zu lernen und es als gesprochene Sprache zu verstehen. Schreiben galt als gesonderte Fertigkeit, und nicht alle Mönche erwarben sie.

Neben Latein lernten Mönche noch Mathematik, Musik und etwas Naturwissenschaft. Zudem lernten sie, logisch und überzeugend zu argumentieren. Auch wenn das Mittelalter weithin als eine Zeit gilt, in der die Menschen blindlings der christlichen Glaubenslehre folgten, wurde in Wirklichkeit ständig debattiert: über das Wesen des Glaubens, über Himmel und Hölle, über die Menschheit und Gottheit Jesu und über den besten Weg, Gott zu dienen. Das einfache Volk erwartete von der Geistlichkeit, dass sie ihnen Antworten auf ihre Fragen gab, daher war es von größter Wichtigkeit, dass die Mönche nicht nur ihre Theologie beherrschten, sondern auch gelernt hatten, sie so zu vermitteln, dass keine Missverständnisse oder noch mehr Zweifel auftraten.

Manche Studenten (die Scholaren) wohnten auf dem Klostergelände, wo sie unter der Obhut des Almoseniers standen, dem die karitativen Aufgaben der Abtei oblagen. Die Klosterregel von Barnwell gewährt uns einen Einblick in den dortigen Unterricht:

Diejenigen Scholaren, die auf Wohltätigkeit angewiesen und im Almosenhaus untergebracht sind, sollen immer wieder vom Almosenier oder einer seinem Amt unterstellten Person zu Streitgesprächen aufgefordert und unter der Rute gehalten werden, damit sie besser lernen; und an Fasttagen, wenn sie keinen Unterricht haben, soll er ihnen streng auferlegen, in der Kirche zu beten und zu singen, sich die Vigilien der Jungfrau Maria einzuprägen, auf Pergament schreiben zu lernen und aus dem Gedächtnis ihre Buchstaben und ihre Zeilen zu wiederholen, um die verschiedenartigen Bedeutungen der Worte zu kennen, statt in den Straßen herumzulaufen, sich zu schlagen oder zu streiten. Andernfalls sollte der Almosenier sie als ungeeignet hinauswerfen und ihre Räume an wohlgesittete Scholaren geben.[76]

Diese ungestümen Scholaren dienten zwar in Gottesdiensten als Ministranten, waren aber zum größten Teil nicht in die klösterliche Gemeinschaft eingebunden.[77] Wie wir bereits hörten, wurden Jungs als zu große Störfaktoren und Ablenkungen angesehen, und im Übrigen würden viele von ihnen am Ende ohnehin nicht die Gelübde ablegen, sondern das Kloster verlassen, um zur Universität zu gehen und (Welt-)Priester, Lehrer, Ärzte oder Rechtsanwälte zu werden.

Dass sie im Kloster untergebracht waren, zeigt, wie wichtig es der Klostergemeinschaft war, junge Männer, trotz ihres Potenzials für Ärger, zu unterrichten. Indem sie ihnen eine theologische Grundlage gaben, lehrten die Mönche die Jungen, ein moralisches Leben zu führen. Indem sie ihnen kleine Aufgaben im Gottesdienst übertrugen, förderten sie ihr Verantwortungsbewusstsein. Und indem sie ihnen die Fertigkeiten des Lesens und Schreibens vermittelten, gaben die Mönche ihren Schülern das Rüstzeug an die Hand, mit dem sie sich erfolgreiche Karrieren aufbauen konnten. Aus ihnen konnten Erzbischöfe, Berater von Königen oder sogar Heilige werden, wie Thomas Becket, dem dank seiner klösterlichen Erziehung alles drei gelang.

Wir sind nicht alle zum Lehrer im klassischen Sinne geschaffen, aber wir haben alle Talente und Kenntnisse, die wir mit anderen teilen können. Wenn wir, wie unsere Brüder im Kloster, Bildung als Privileg und als Verantwortung verstehen, können wir die Gelegenheit wahrnehmen und unsere Fähigkeiten anderen zugutekommen lassen, uns gegenseitig den Verstand wie Wachs formen und einen bleibenden Eindruck hinterlassen.

Memoiren für die Nachwelt und die eigene Seele

Mir geht es auf diesen Seiten darum aufzuzeichnen, was ich aus eigener Anschauung von den Geschehnissen weiß, die sich zu meiner Zeit in der Kirche zum Heiligen Edmund zugetragen haben, und böse wie gute Taten zu berichten, um Warnung und Exempel zugleich zu geben.

Jocelin of Brakelond,
Chronik der Abtei von Bury Saint Edmunds

Während der ersten Monate der Covid-19-Pandemie, als die Ereignisse sich überschlugen und die Menschen Mühe hatten, ihre Gefühle zu verarbeiten und die Regeln zu begreifen, bedienten sich Historiker der sozialen Medien, um die Leute dazu anzuregen, ihre Erlebnisse zeitnah niederzuschreiben. Berichte aus erster Hand gehören zu den wertvollsten Belegen, die uns für die Rekonstruktion und das Verständnis historischer Ereignisse zur Verfügung stehen. Im Mittelalter, einer Zeit, in der die Menschen mit ihren eigenen Klimaveränderungen, politischen Unruhen und Pandemien zu tun hatten, waren es überwiegend Mönche, die das Geschehen für die Nachwelt verewigten.

Zwar galt das Augenmerk der Mönche zum Großteil der Abschrift von bereits existierenden Werken, um sie ihren Mitbrüdern und der Welt im Allgemeinen zugutekommen zu lassen, doch war es ihnen auch ein Anliegen, dass ihre eigenen gesammelten Geschichten aufgezeichnet wurden. Zum Teil war das historisch gedacht – das heißt, sie wollten sicherstellen, dass zukünftige Generationen eine Vorstellung von den Geschehnissen bekamen, wie sie sich wirklich zugetragen hatten – doch wollten sie auch noch aus einer Vielzahl von anderen Gründen Rechenschaft ablegen: um Ereignisse zu würdigen, um von Zeitgenossen bezeugte Wundertaten von Heiligen zu dokumentieren oder um Eigentumsstreitigkeiten beizulegen, um nur einige zu nennen. Tatsächlich waren die Klöster zuweilen so sehr darum bemüht, Papierspuren für ihre eigene Historie zu hinterlassen, dass sie bisweilen Dokumente fälschten, um sie zu stützen.[78]

Inhaltlich decken die Klosterchroniken das gesamte Spektrum ab, von Informationen zu internen Wahlen über banale Dinge wie Wetterberichte, schnippische Kommentare zu Royals wie König John bis hin zu schaurigen Verzeichnissen der Mönche, die, einer nach dem anderen, am Schwarzen Tod gestorben waren. Hin und wieder wird von Teufelsvisionen berichtet, manchmal gibt es Spukgeschichten zu lesen und auch schon mal kleine Seitenhiebe auf den Abt. Vereinzelt begegnet einem ein Abschnitt, der einem Namen ein menschliches Gesicht zuordnet, wie in der folgenden Schilderung des Abtes von Bury Saint Edmunds, von dem wir in Kapitel 2 schon kurz gehört haben:

Abt Samson war von mittlerer Größe und nahezu vollständig kahl. Sein Gesicht war weder rund noch lang, und er besaß eine markante Nase und dicke Lippen. Seine Augen waren kristallklar und hatten einen bohrenden Blick, und er hatte ein überaus feines Gehör. Seine Brauen waren buschig und wurden häufig gestutzt. Sobald er sich einen leichten Schnupfen holte, wurde er heiser. Am Tag seiner Wahl [zum Abt, am 28. Februar 1182] war er 47 Jahre alt und seit 17 Jahren Mönch. Zu dem Zeitpunkt durchzogen nur ein paar graue Haare seinen roten Bart und nur sehr wenige sein Haar, das

schwarz und gewellt war, doch binnen 14 Jahren nach
seiner Wahl war er weiß geworden wie Schnee. Er war
ein sehr ernster Mann und niemals untätig. Seine Ge-
sundheit war tadellos, und er reiste bevorzugt zu Pferde
oder zu Fuß, bis das Alter ihm dies verwehrte.[79]

Derartige Porträts machen uns bewusst, dass es auch
hinter Klostermauern menschlich zuging und dass die
physische Präsenz eines Menschen und sein Auftreten
anderen gegenüber unbedingt in unser Verständnis der
Zeit mit einfließen sollten. Auch wenn Gesichtserken-
nung das alles möglicherweise schon bald überflüssig
machen wird, zeigt einem eine solche detaillierte Be-
schreibung, wie wichtig es ist, die Namen der Menschen auf unseren Fotografien aufzuschreiben, bevor
sie für alle Zeit verloren gehen.

Klosterchroniken sind für Historiker die reinsten
Schatzkisten, denn sie überliefern uns nicht nur die
Vorkommnisse sowohl im Kloster als auch darüber hin-
aus, sondern auch die Wertmaßstäbe der Mönche: ihre
Vorlieben und Abneigungen, was sie zu dulden bereit
waren und was nicht und wie sie im Allgemeinen zur
Gesellschaft, zur Technik und zum Leben standen.

Jocelin of Brakelonds Chronik aus Bury Saint Edmunds liefert uns dafür einmal mehr einen anschaulichen Beleg mit ihrem Bericht über einen Vorfall, bei
dem eines Nachts im Jahr 1198 kurz vor der Matutin
beim Verlöschen einer Kerze der Schrein des heiligen
Edmund in Brand geriet. Die Schilderung ist voller in-
teressanter Details:

Unsere jungen Mönche liefen Wasser holen, einige zur
Regentonne, andere zur Uhr, und wieder andere lösch-

ten, nachdem sie die Reliquiare in Sicherheit gebracht hatten, unter großen Mühen mit ihren Kapuzen die Flammen. Als kaltes Wasser vorne auf den Schrein geschüttet wurde, fielen die kostbaren Steine ab und wurden beinahe zermahlen.

Dieser kurze Ausschnitt gewährt uns einen Einblick in das Leben der Mönche, und wir erfahren, dass sie Wasser in Regentonnen auffingen und eine Wasseruhr benutzten. Im Weiteren berichtet Jocelin noch, dass die Mönche heimlich einen Goldschmied mit der Reparatur des Schreins beauftragten, »um eine öffentliche Blamage zu vermeiden«, und dass der Abt das Geschehen später als Strafe Gottes für die Klagen seiner Mitbrüder über Essen und Getränke deklarierte. Mit dieser ungerechten Deutung stimmte Jocelin, zumindest auf dem Papier, nicht überein. Nach seiner Überzeugung war das Feuer ausgebrochen, damit der Leichnam des Heiligen »sicherer und eindrucksvoller in eine höhere Position« gebracht würde.[80]

Wie Jocelins Erklärung zeigt, ging es Mönchen immer auch darum, das große Ganze zu begreifen. Nahezu jedes philosophische Gerüst, das sie sich für ihr Verständnis der Welt ausdachten, konnte auch sinnbildlich genutzt werden, als Mittel, das Leben Jesu zu ergründen, und als Mittel, der verblüffenden Synchronität des Universums auf die Spur zu kommen – prachtvolle Muster, die sich überall wiederholten und die Existenz Gottes zu bestätigen schienen. Das Führen einer Chronik ermöglichte es den Mönchen – ebenso wie zeitgenössischen und zukünftigen Lesern –, Geschehnisse in einen Kontext einzubetten. Wie Caesarius es mit seinem *Dialog über die Wunder* demonstrieren wollte, offenbaren sich die Lehren aus unseren Geschichten erst rückblickend und lassen das Wirken Gottes erkennen.

Für uns heute mag sich schon die Aufzeichnung von Geschehnissen der letzten paar Jahre und der Versuch, ihnen einen Sinn abzugewinnen, wie eine Herkulesaufgabe darstellen, doch da wir dieses gewaltige Unterfangen getrost professionellen Historikern und Journalisten überlassen können, bietet sich uns für unser eigenes Leben das überschaubarere Führen eines Tagebuchs an. Schon eine Zeile pro Tag kann unserem Gedächtnis auf die Sprünge helfen und uns aus der Distanz heraus erkennen lassen, wie weit wir gekommen sind, was wir durchlebt haben und inwiefern uns das beeinflusst hat. Wir können zwar auf unsere problematischeren oder auch amüsanteren Momente teilweise anhand der Posts zurückblicken, die wir unmittelbar in den sozialen Medien abgesetzt haben, doch weiß wohl jeder, der schon einmal versucht hat, auf eine alte Datei zuzugreifen, dass digitale Aufzeichnungen oft weitaus kurzlebiger sind als das Ganze in Papierform. Darin sollten wir uns unbedingt ein Beispiel an unseren mittelalterlichen Klosterbrüdern nehmen und unsere Gedanken und Erkenntnisse handschriftlich für die Nachwelt festhalten.

Aber es geht nicht nur um die Bewahrung von Gedanken für die Zukunft. Studien haben ergeben, dass ein Tagebuch der Seele guttut, denn damit können wir uns auf eine Weise unsere eigenen Narrative schaffen, die es uns ermöglicht, das Erlebte zu verstehen und zu akzeptieren, ähnlich wie eine neue Sichtweise den Mönchen durch schwere Zeiten half. Gläubigen oder philosophisch veranlagten Menschen mag ein Tagebuch sogar zum Instrument werden, das Wirken des Universums oder Gottes in ihrem Leben zu erkennen.

Die Lehren, die wir aus den aufgeschriebenen Geschehnissen ziehen, können in jedem Fall uns selbst und auch künftigen Lesern zu neuer Sinnhaftigkeit und Motivation verhelfen.

Innovationsfreudigkeit

Ihr solltet euch nicht, wie Narren, verpflichten, irgend-
welche von außen kommenden Regeln einzuhalten ...
Ihr mögt sie sogar nach Herzenslust durch bessere er-
setzen.

The Ancren Riwle

Ein besonders penetranter Irrglaube über das Mittelalter besagt, die Kirche wäre ein Feind von Wissenschaft und Technologie gewesen. Wie der Mythos, die Menschen im Mittelalter hätten die Erde für eine Scheibe gehalten, lässt sich das leicht widerlegen. Und es lohnt sich tatsächlich, sich die Mühe zu machen, denn es ist überaus faszinierend, sich auf Spurensuche nach den vielen technischen Fortschritten in dieser Epoche zu begeben, die zu einem großen Teil der Wissbegier von Mönchen zu verdanken sind.

Am anschaulichsten lässt sich die Rolle der Klöster bei der Einführung von Neuerungen am Beispiel ihrer Uhren darstellen. Wie wir bereits sahen, waren Mönche, ebenso wie andere Kleriker auch, angehalten, zu bestimmten Tageszeiten spezielle Psalmen und Gebete – die Stundengebete – zu sprechen beziehungsweise zu singen. Obwohl sie »Stundengebete« heißen, waren sie nicht in den klassischen 60-Minuten-Abständen angesetzt, sondern zu Zeiten, die entsprechend der Andauer

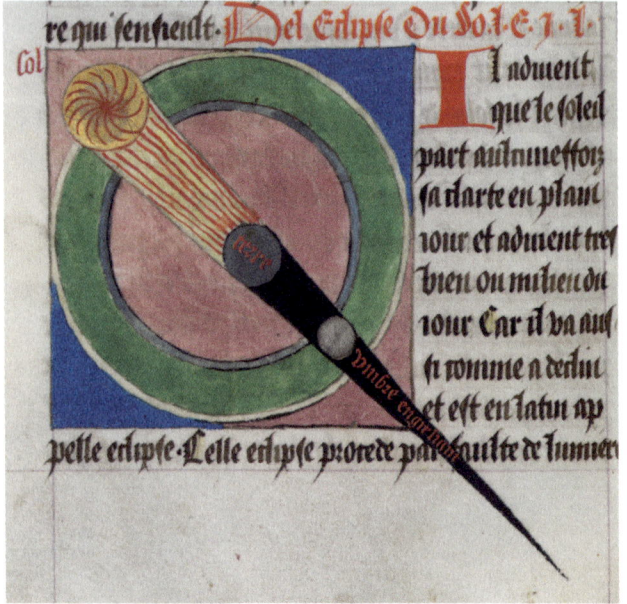

Die Menschen im Mittelalter verfügten bereits über ein bemerkenswert differenziertes naturwissenschaftliches Wissen, wie dieses Schaubild über eine Sonnenfinsternis erkennen lässt.

Quelle: Image du Monde, Fol. 98v, 1489 (Detail); Walters Art Museum, Baltimore, W.199.

des Tageslichts im Jahresverlauf variierten. Der Sakristan, dessen Aufgabe es war, die Mönche zum Gebet zusammenzurufen, musste ganz genau wissen, wann er, gemäß der jahreszeitlich bedingten Modifikationen, dazu die Glocken zu läuten hatte. Schon allein deswegen war die Kirche an allem interessiert, was eine verlässliche Zeiterfassung garantierte.

Die Mönche des Mittelalters erfanden und nutzten eine ganze Reihe von raffinierten Methoden, um die Zeit zu erfassen, so etwa Kerzen mit Markierungen im Stundentakt, Sonnenuhren, Stundengläser (Sanduh-

Zwar lagen die Mönche des Mittelalters schon in vielen Dingen richtig, doch glaubten sie noch, dass die Erde den Mittelpunkt des Universums bildete (teilweise aus religiösen Gründen). Dieses Schaubild zeigt die Planeten in ihren himmlischen Sphären.

Quelle: Image du Monde, Fol. 91v, 1489 (Detail) ; Walters Art Museum, Baltimore, W.199.

ren), Wasseruhren, deren Abflussgeschwindigkeit die Zeit maß und am Ende einen Alarm auslöste, Astrolabien, die auch zur Ortsbestimmung genutzt werden konnten, sowie mechanische Uhren, die mit Gewichten (wie in der Kathedrale von Salisbury) oder durch Aufziehen angetrieben wurden. Mechanische Uhren waren schon Bestandteil von Kirchen und Klöstern, lange bevor es Mode wurde, sie auf Marktplätzen zu installieren.[81] Kaum zu glauben, aber es waren tatsächlich die aktiven Bemühungen der Kirche um eine bessere Zeiterfassung, auf die unsere heutige so sehr von der Zeit besessene Kultur zurückgeht.[82]

Es waren indes nicht nur Uhren, für die sich die Mönche begeisterten. Verbesserte Wasserräder, brauchbarere Kaninchenställe und neue Methoden, um den Inhalt von Büchern zu ordnen – darunter Inhaltsverzeichnisse und Alphabetisierung –, das sind alles Beispiele dafür, wie sie sich, ihrem Wissensdrang folgend, neue Lösungen für alte Probleme ausdachten und diese dann umsetzten. In einigen mittelalterlichen Manuskripten dienen sogar die Evangelisten selbst als Aushängeschilder für technologische Neuerungen, so etwa der ehrwürdige heilige Markus, der mit einer neumodischen Erfindung aus dem 12. Jahrhundert an seinem Schreibtisch sitzt: einer Brille.

Dass Mönche viel für Innovationen übrig hatten, sollte uns eigentlich nicht überraschen. Wie wir waren sie ja an allem interessiert, was das Leben erleichterte und ihre täglichen Aufgaben so rationalisierte, dass sie sich auf die Andachtsübungen konzentrieren konnten, denen sie ihr Leben geweiht hatten.

Die moderne Technik dient demselben Zweck: uns Zeit und Mühe zu sparen, damit unser Leben möglichst reibungslos abläuft und wir uns auf die uns wichtigen Dingen konzentrieren können. Häufig lohnt es sich, sich etwas Zeit zu nehmen und Dinge einmal auf eine neue Art auszuprobieren oder sich eine neue App zu suchen, die das Leben vereinfacht. Experimente zur Effizienzsteigerung können allerdings auch schon mal ins Auge gehen, etwa wenn wir die eingesparte Zeit mit Aktivitäten ausfüllen, die wenig sinnvoll für uns sind. In diesem Fall empfiehlt es sich, uns noch einmal auf

das zu besinnen, was wir von den Mönchen zum Thema Minimalismus gelernt haben (Kapitel 2). Aber es
liegt nun mal in der Natur des Menschen auszuprobieren, wie man sein Leben verbessern kann und, wenn
es funktioniert, das von anderen gleich mit. Wenn wir
unsere »Lifehacks« auch dem Rest der Welt zugutekommen lassen, wandeln wir auf den Spuren unserer
klösterlichen Brüder, die sich ebenfalls offen zeigten
für Neuerungen zugunsten einer besseren Welt für sie
selbst und für andere.

Nächstenliebe

> *Um die Kranken soll man vor allem und über alles be-*
> *sorgt sein.*
>
> Benedikt von Nursia,
> *Die Mönchsregel des heiligen Benedikt*

In der heutigen Welt wird viel Wert darauf gelegt,
Glaube und Wissenschaft sorgfältig zu trennen, in
der Welt des Mittelalters waren sie dagegen, wie wir
sahen, eng miteinander verflochten. Vor diesem Hin-
tergrund sollte es uns an diesem Punkt in unserer Ent-
deckungsreise nicht überraschen, dass die ersten Hospitäler im Mittelalter von Mönchen beziehungsweise
Nonnen eingerichtet und geführt wurden. Das leuchtet
schon insofern ein, als Klöster eine Infrastruktur und
finanzielle Mittel besaßen, die dafür genutzt werden
konnten – bessere Voraussetzungen, als ein derartiges
Projekt bei null anfangen zu müssen –, aber vor allem
macht es Sinn, wenn man die religiöse Verpflichtung
der Mönche zur Wohltätigkeit bedenkt.

Menschen unserer Tage mag es dann aber doch ver-
wundern, dass eins der bedeutendsten Hospitäler des
Mittelalters, das Hospital zum heiligen Johannes von
Jerusalem, sowohl Christen als auch Nichtchristen of-
fenstand. Jeder konnte sich dort wegen einer Krank-
heit oder einer Verletzung behandeln lassen. Allerdings
mussten es sich jüdische und muslimische Patienten
gefallen lassen, dass ihr Pflegepersonal sie nicht nur
mit Medizin, sondern auch mit christlicher Theologie
versorgte. Nach der Denkart der klösterlichen Krankenschwestern war die Behandlung der Seelen ihrer Patienten sogar wichtiger als die Behandlung ihrer Körper.
Schließlich ist der menschliche Körper vergänglich, das
Leben nach dem Tod aber ewig.

Die Pflege wurde in mittelalterlichen Klöstern von
Mönchen – beziehungsweise, häufiger noch, von Nonnen – übernommen. Sie leisteten den Kranken geistlichen ebenso wie medizinischen Beistand. Der reibungs-
lose Ablauf des Hospitalbetriebs erforderte viel Einsatz:
Es musste für Essen, Schlafstätten, Bettzeug und Medizin gesorgt und Personal, von studierten Ärzten bis hin
zu Wäscherinnen, eingestellt werden. Auch wenn uns
heute ein Aufenthalt in einem mittelalterlichen Hospital angesichts der mangels Antiseptika, Anästhesie und
Antibiotika wenig komfortablen und hygienischen Bedingungen kaum wünschenswert erscheint, freuten sich
die damaligen Patienten etwa im Hôtel Dieu in Paris über
ein Bett mit Laken, die regelmäßig gewaschen wurden,[83]
warme Mahlzeiten und geistliche Betreuung. Der Begriff
»Hospital« geht auf das lateinische Wort »hospitalis«
(gastfreundlich) zurück, und das Anliegen, Menschen in
Not beizustehen, war für die Mönche und Nonnen in den
Hospitälern ebenso die Grundlage ihres Handelns, wie sie

es für ihre Brüder und Schwestern in den Klöstern bei der fürsorglichen Beherbergung ihrer Gäste war. Mittelalterliche Hospitäler waren mehr als nur Orte, an denen Kranke Heilung fanden. Hier wurde Menschen, die verarmt, alt oder auf andere Weise beeinträchtigt waren, längerfristig Unterstützung zuteil. Auch Mütter aus ärmlichen Verhältnissen konnten hier ihre Kinder zur Welt bringen.[84]

Die klösterliche Wohltätigkeit wurde auch Menschen zuteil, die aufgrund von Armut oder einer Behinderung kaum über die Runden kamen.

Quelle: Stundenbuch, Fol. 120v, um 1460–1470 (Detail); Walters Art Museum, Baltimore, W.181.

Die meisten Mönche und Nonnen waren keine aus-
gebildeten Krankenschwestern oder Ärzte, doch konnten sie viel von dem, was sie brauchten, während der
Ausübung ihres Dienstes lernen – die mittelalterliche
Version des Learning by Doing. Was sie einer forma-
len Ausbildung voraushatten, war der innige Wunsch,
Menschen in Not mit all ihren Talenten, mochten sie
auch noch so bescheiden sein, zu helfen. Das konnte in
niederen Tätigkeiten wie im Herbeiholen von Dingen
oder im Saubermachen Ausdruck finden, im aufrichtigen Einfühlungsvermögen, das nötig ist, um Kranken
und Sterbenden die Hand zu halten und zu innerer
Ruhe zu verhelfen, oder in der Fähigkeit, von Schmerzen oder Ängsten Geplagten seelische Linderung zu
verschaffen. Wenn wir krank sind, ist oft nur wenig
nötig, um uns Erleichterung und Trost zu bringen, und
kleine Gesten der Zuwendung können fast so viel be-
wirken wie ein Arztbesuch.

So oft zweifeln wir an unserer Fähigkeit, Kranken
oder Verarmten beistehen zu können. Wir haben keine
entsprechende Ausbildung, wir haben keine besonderen Talente, wir haben kein Geld übrig. Doch kann uns
das klösterliche Beispiel lehren, dass es nicht immer die
Menschen mit der meisten Erfahrung sind, die am besten trösten oder heilen. Wir alle können Menschen in
Not etwas geben, selbst wenn es nur aufrichtig ausge-
sprochene gute Wünsche, ein offenes Ohr und Anteil-
nahme sind.

Der heilige Matthäus schreibt auf einem schrägen Schreibpult von der Art, wie man sie in vielen mittelalterlichen Klöstern findet. Mithilfe dieser Pulte konnte die Tinte besser aus der Feder fließen.

Quelle: Stundenbuch, Fol 43r, um 1500 (Detail); Walters Art Museum, Baltimore, W.427.

Manuskripte zu Andachtszwecken, zum Studium und zur Verbreitung wurden alle sorgfältig mit der Hand abgeschrieben, wie es hier der heilige Lukas macht.

Quelle: Stundenbuch des Herzog Adolf von Kleve, Fol. 94r, um 1480–1490 (Detail); Walters Art Museum, Baltimore, W.439.

Kunst – Labsal für die Seele

> *Sind Brüder im Kloster, die ein Handwerk versehen, so mögen sie es in aller Demut betreiben, falls es der Abt erlaubt.*
>
> Benedikt von Nursia,
> *Die Mönchsregel des heiligen Benedikt*

Eine der bedeutendsten Hinterlassenschaften der Mönche des Mittelalters ist ihre akribische und kunstfertige Gestaltung von Büchern. Auch wenn ihre Rolle bei der Abschrift und der Verbreitung von Manuskripten am Ende von professionellen Schreibern übernommen wurde, waren viele der schönsten und am reichsten illuminierten Manuskripte, die heute noch

erhalten sind, das Ergebnis von Tausenden von Arbeits-
stunden, die Hunderte von Mönchen[85], über ihre Pulte gebeugt, in ihren gut beleuchteten Skriptorien auf-
wandten.

Die Europäer des Mittelalters schrieben auf Pergament, dünnem Leder aus Kälber-, Schaf- oder gelegentlich auch Ziegenhäuten, die sorgfältig gegerbt, gezogen, geschabt und gebleicht wurden, bis eine samtige
Oberfläche entstand, die ausnehmend gut Tinte auf-
nahm. Die gleiche Sorgfalt wurde auf die Herstellung
von Tinte verwendet. Die dafür notwendigen Pigmente
gewann man, indem man diverse Stoffe wie Holzkohle
oder Galläpfel mit weiterem Pflanzenmaterial und Mineralien vermischte. Für Farben bedurfte es einer ähn-
lichen Kombination aus bunten Mineralien oder Pflanzen, die angedickt mit Eiweiß streichfähiger wurde und
größere Flächen abdecken konnte. Schließlich wurden
viele mittelalterliche Manuskripte noch mit Blattgold
verziert, mit Gesso bestrichen und so poliert, dass sie
einen leichten Schimmer bekamen. Wie die erwähnten
gotischen Kirchen waren das Kunstwerke, aufwendige
Arbeiten zum Lobpreis Gottes.[86]

Mönche kopierten alle Arten von Manuskripten, die
sie mit Filialhäusern austauschten oder sich von ihnen
liehen. Sie taten dies mal für den eigenen Gebrauch,
mal zur Ergänzung der Klosterbibliothek oder auch,
damit ein auf die Universität geschickter Mitbruder ein
Lehrbuch hatte. In anderen Fällen wurden Manuskripte
von reichen Edelleuten oder Königshäusern in Auftrag
gegeben, oder es waren Geschenke der Abtei an einzelne Bürger oder Kirchen.

Zu den prachtvollsten Exemplaren gehören neben
wunderschön illuminierten Abschriften biblischer Tex-

te wie das weltberühmte Book of Kells und das Evangeliar von Lindisfarne bestellte Stundenbücher, in denen
die Vorgaben für die täglichen Chorgebete standen.
Diese Manuskripte konnten schlicht in brauner oder
schwarzer Tinte geschrieben oder mit leuchtenden Farben, veranschaulichenden Miniaturen und illuminierten Initialen üppig ausgemalt sein. Es konnten große
Formate sein, die gleichermaßen von Wohlstand wie
von demonstrativer Frömmigkeit zeugten, oder sie waren so klein, dass sie in einen Lederbeutel am Gürtel einer Edelfrau passten, aus dem sie jederzeit hervorgeholt
werden konnten.

Mönche fertigten auch Abschriften von Kalendern
an, mit deren Hilfe sich der Überblick über wichtige
Heiligenfeste und andere Gedenktage behalten ließ.
Die wichtigsten Daten waren für gewöhnlich rot markiert, worauf auch die Redewendung »etwas rot im Ka-
lender anstreichen« zurückgeht.

Da der Prozess des Kopierens sowohl mühsam als
auch zeitaufwendig war, vergeudeten die Mönche in
der Regel keine Zeit mit der Wiedergabe trivialer Randnotizen. Schließlich wollten sie vor allem Informationen weitergeben, die sie für wissenswert hielten.

Der Zweck der Illustrationen in mittelalterlichen Manuskripten war nicht ausschließlich dekorativ. Sie dienten auch der Wissensvermittlung und als Anregung zur
Meditation. Zwar dürfen wir wohl davon ausgehen, dass
die Empfänger der meisten Schriften lesen und schreiben konnten, doch wurden sie auch von Menschen an-
geschaut, auf die das nicht zutraf. Die textbegleitenden
Illustrationen boten somit eine alternative Möglichkeit,
die erzählten Geschichten und ihre Lektionen zu begreifen. Bilder sind wirksame Merkhilfen und geben den ge-

	Septembre xxx iours
	Et la lune xxx iours
f	Saint gille
g	Saint anthonu
A	
b	Saint bertin
c	Saint taurin
d	Saint mamg
e	
f	La notre dame
g	Saint gourgon
A	
b	Saint uacnt
c	Saint rueient
d	Saint tame
e	Sancte croie
f	Saint lubin

In Stundenbüchern war häufig auch ein Heiligenkalender enthalten, in dem wichtige Gedenktage rot markiert waren. Hier ist im September der Tag des hl. Ägidius (»Saint Gille«) rot unterlegt und das bedeutendere Marienfest »La Notre Dame« (einer der vielen Mariengedenktage im Jahr) golden.

Quelle: Stundenbuch, Fol 9r, um 1470 (Detail); Walters Art Museum, Baltimore, W.195.

omine labia mea api
es. Et os meum an
nunciabir laudem tu
am. Deus in adiuutor
ium meum intende.
Domine ad adiuuan
dum me festina. Gla.

Freie Flächen boten unwiderstehliche Gelegenheiten für farbenfrohe und respektlose Randnotizen, selbst in den seriösesten Manuskripten. Obwohl diese Seite dem Verrat an Jesus gewidmet ist, ist auch noch ein munterer Elefant abgebildet, der als Teilnehmer am Leichenzug für Reineke Fuchs verkleidet ist.

Quelle: Stundenbuch, Fol. 73v, spätes 13. Jh. (Detail); Walters Art Museum, Baltimore, W.102.

schriebenen Worten Gestalt. Doch sollten Abbildungen im Mittelalter auch ihre heiligen Inhalte selbst symbolisieren, sodass sie zuweilen eine eigene Kraft auszustrahlen schienen. Beispielsweise veranlassten Seiten, auf denen anschaulich die Wunden Jesu abgebildet waren, Betrachter dazu, über die begleitenden Worte hinaus über sein Leiden zu meditieren. Mittelalterliche Leser küssten, zum Ausdruck ihrer Frömmigkeit, auch häufig die Bilder in ihren Büchern.[87]

Allerdings waren nicht alle Illustrationen in mittelalterlichen Manuskripten ehrerbietig oder fromm. Manche waren verspielt und albern – Kunst zur Unterhaltung oder einfach nur um der Kunst willen. Sie begegnen uns zumeist in Form von Marginalien, als farbenfrohe Geschöpfe oder Szenen rund um den Text. So konnte es vorkommen, dass selbst die andachtsvollsten Worte sich eine Seite mit einem Affen in Rittermontur, einem Killerkaninchen oder einem pietätslosen Mönch teilen mussten.

Zusammenfassend kann man sagen, dass Manuskripte mittels Kunst und Unterweisung zur Bereicherung der Menschen dienten, durch geistliche Erbauung oder durch Anregung zu Gelächter. Wie die moderne Kunst kann auch die Kunst des Mittelalters erhaben oder lächerlich daherkommen, als Ergebnis stundenlanger Arbeit oder eines spontanen Impulses. Wenn wir uns die Absurdität mancher Marginalien anschauen, sollte uns das bewusst machen, dass Kunst etwas ist, mit dem sich der Mensch ausdrücken will, und das muss mit anderen geteilt werden, unabhängig vom Inhalt und von den kreativen Fähigkeiten.

5
ALLES IN MAßEN, AUCH DIE MÄßIGUNG

Doch geschehe alles mit Maß.

Benedikt von Nursia,
Die Mönchsregel des heiligen Benedikt

uch wenn strenge Äbte Oscar Wilde generell wohl eher ablehnend begegnet wären, hätten sie ihm auf jeden Fall zugestanden, dass er mit seinem Ausspruch »Alles in Maßen, auch die Mäßigung« gar nicht so unrecht hatte. Zwar legte man im Kloster großen Wert auf Regeln, doch war man sich auch bewusst, dass der Mensch gar nicht so gut darin ist, allezeit nur gut zu sein. Selbst der heilige Benedikt hat in viele seiner Verordnungen Ausnahmen eingebaut, und aus den aus dem Mittelalter

überlieferten donnernden Briefen von Päpsten und be-
deutenden Theologen wissen wir, dass die Dinge im all-
täglichen Klosterleben nicht selten auch mal schleifen
gelassen wurden. Was also können wir aus dieser still-
schweigenden Hinnahme der Unvollkommenheit des
Menschen lernen? Und wie können wir sie auf unser
heutiges Leben übertragen?

Burn-out muss nicht sein

> *Gönne dir so viel Ruhe, dass du lange hernach umso
> kraftvoller in Gottes Diensten schaffen kannst.*
>
> The Ancren Riwle

In Kapitel 3 lernten wir einige der Methoden kennen,
mit denen Mönche sich in Zeiten der Niedergeschlagenheit zu helfen wussten, Zeiten, wie wir sie alle immer wieder erleben. Die extreme Lebensweise eines
Mönchs im Mittelalter konnte leicht zu einem Burn-
out führen. Doch war das nicht unvermeidlich. Klosterbrüder wurden ermutigt, mit ihren Kräften zu haushalten und ihre Aktivitäten ihren Fähigkeiten anzupassen
– eine Empfehlung, die uns auch heute in unserem ge-
schäftigen Alltagsleben noch gut ansteht.

Wenn wir sicherstellen wollen, dass wir uns nicht
zu viel zumuten, sollten wir es zum Beispiel mit der
Übernahme einer neuen Verpflichtung ruhig angehen
lassen. Nicht umsonst konnten Novizen ein Jahr lang
unverbindlich am Klosterleben teilnehmen, bevor sie
sich entschieden, ob sie bleiben oder gehen wollten.
Den Grund dafür kann jeder, der sich schon einmal
unvermittelt mit Haut und Haaren einem neuen Fit-

nessprogramm verschrieben hat, nachvollziehen: Im Feuereifer der ersten Begeisterung übernimmt man sich schnell. Die *Ancren Riwle* vergleicht diesen Vorgang mit der Zeit der jungen Liebe, in der alles unproblematisch erscheint, bevor die Dinge allmählich um einiges schwieriger werden.[88] Die einjährige Probezeit eines Novizen diente dazu, ihn über die Phase des naiven anfänglichen Optimismus hinauszuführen, damit er ein Gefühl für die Härte bekam, zu der er sich verpflichten würde, bevor es zu spät war, seine Entscheidung rückgängig zu machen. Als zusätzliche Absicherung wurde in Benediktinerklöstern dem Novizen alle paar Monate die Mönchsregel des heiligen Benedikt in voller Länge vorgelesen, damit er auch garantiert wusste, was ihm bevorstand. Das erleichterte dem Kandidaten die Entscheidung, ob er sich realistischerweise auch dann noch auf ein Klosterleben einlassen konnte, wenn sozusagen der Lack ab war.

Wenn wir uns zu stark fordern, kann das zu seelischen und körperlichen Beeinträchtigungen führen. Davor wurde von Autoren aus der Klosterwelt explizit gewarnt. So berichtet Caesarius von einem Mönch namens Baldwin, der die Warnungen seiner dienstälteren Brüder hinsichtlich seines Übereifers missachtete:

Während des ganzen Probejahres war er so streng gegen sich selbst, dass er ebenso vom Abt wie vom Novizenmeister deswegen getadelt wurde. Als er Mönch geworden war, war er von solch glühendem Eifer, dass ihm die allgemeinen asketischen Übungen nicht genügten, sondern er diesen noch viele besondere hinzufügte und seine privaten ihm wichtiger waren. Wenn die anderen ruhten, arbeitete er; wenn die anderen schliefen, wachte er.[89]

Auch wenn man meinen könnte, dass es sich hierbei um ein beispielhaftes Verhalten handelte, das die ungeteilte Bewunderung eines jeden Mönchs finden müsste, dient Baldwins Geschichte eher als Mahnung, denn von dem »allzu viele[n] Wachen und Beten« »trocknete ... sein Gehirn aus«, was ihn zu einem Selbstmordversuch veranlasste.

Baldwins Schicksal verdeutlicht, dass allzu hartes Arbeiten krank machen kann, und das wäre ja eher kontraproduktiv. Der heilige Benedikt sagt in seiner Klosterregel wiederholt, dass den Mönchen Aufgaben und Privilegien immer entsprechend ihren Fähigkeiten übertragen werden sollen. Selbst *The Ancren Riwle*, ein Text, der sich der extremsten Form des religiösen Lebens, dem Anachoretendasein, widmet, empfiehlt, sich im Krankheitsfall auszuruhen, »denn es ist eine große Torheit, um eines einzelnen Tages willen zehn oder zwölf zu verlieren«.[90] Zwar war die Sorge um das eigene Wohl, von der in Kapitel 3 die Rede war, dazu gedacht, den Brüdern durch seelische Tiefpunkte zu helfen, und sie brachte sie ja auch wieder auf den richtigen Weg, wenn sie ausgebrannt waren, doch war die klügste Vorgehensweise die, mit ihren Kräften zu haushalten, damit sie gar nicht erst ausbrennen konnten.

Auch wenn die meisten von uns ihr Leben nicht vollständig der Religion geweiht haben, so leben wir doch in einer Kultur, in der eine extrem hohe Arbeitsmoral geschätzt wird. Menschen, die auch noch arbeiten, wenn sie krank sind, es bis spät in die Nacht hinein tun oder Anrufe entgegennehmen, egal, wo sie sich gerade aufhalten oder womit sie beschäftigt sind, werden als Vorbilder hingestellt. Wir kennen doch alle Menschen – oder sind es vielleicht sogar selbst –, die sich krank gearbeitet haben, und doch müssen wir uns immer wieder neu ins Bewusstsein rufen, dass ein solches Verhalten kontraproduktiv ist, weil es zu Krankheitstagen und Burn-out führt. Überstunden sind uns so in Fleisch und Blut übergegangen, dass es schwer werden kann, mit etwas Abstand einzusehen, dass wir in vielen Fällen selbst entscheiden können, wie viel Zeit wir der Arbeit widmen. Von allen Empfehlungen in diesem Buch ist die vielleicht am schwersten umzusetzende die, zur Vermeidung eines Burn-outs mit seinen Kräften zu haushalten. Denn das steht ja im Widerspruch zu Werten, die wir an allen Ecken und Enden zu hören bekommen, und zu Praktiken, wie sie in etlichen Unternehmen fest etabliert sind. Doch wenn Menschen, die sich einer so extremen Lebensweise verschrieben haben wie die Mönche des Mittelalters, es vermochten, zu entschleunigen und sich erreichbare Ziele zu setzen, die auch ihre seelische wie ihre körperliche Gesundheit berücksichtigten, dann können wir das auch – und mit uns die Unternehmen, für die wir arbeiten.

Gesunde Grenzen

> *Streitigkeiten sollt ihr entweder überhaupt nicht haben,*
> *oder sie doch möglichst schnell beenden. Sonst wächst*
> *der Zorn sich zum Hasse aus.*
>
> Augustinus von Hippo, *Augustinusregel*

Die Kirche des Mittelalters wird gern als einer der schlimmsten Vertreter von Intoleranz und Unterdrückung hingestellt, und manche ihrer Aktivitäten – vor allem die Kreuzzüge (sowohl im Nahen Osten als auch in Europa) – scheinen diese Sichtweise ja auch zu bestätigen. Aber es lässt sich leicht pauschalisieren, wenn man ein ganzes Jahrtausend in einem kurzen Abschnitt zusammenfasst und nur die Höhepunkte und die Tiefpunkte herausgreift. Doch dürfen wir über dem großen Ganzen nicht die Feinheiten vergessen.

Was das Christentum während der letzten 2000 Jahre für Millionen von Menschen so anziehend gemacht hat, ist das Konzept der Vergebung, von Jesu Aufforderungen »Halte auch die andere Wange hin« und »Liebe deinen Nächsten« bis hin zur Institution der Beichte und der Sterbesakramente. Die Theologen des Mittelalters hatten keinen Zweifel an der Existenz der Hölle, sie glaubten aber ebenso fest daran, dass man nicht notgedrungen dort landen müsse. Geschichten wie die vom heiligen Paulus und vom heiligen Augustinus, die sich trotz ihres antichristlichen beziehungsweise zügellosen Vorlebens zum Christentum bekehrten, waren überaus populär – als Beispiele für die Unermesslichkeit der Vergebung für alle.

Im christlichen Alltagsleben besaß die Sünde zwar einen hohen Stellenwert, doch sollte damit nicht einfach nur darauf herumgeritten werden, wie tief ein Mensch sinken kann. Es ging vielmehr darum, sich der Sünde bewusst zu sein, damit man beichten, büßen und einen Neuanfang machen konnte. So sollte sichergestellt werden, dass nicht nur der Einzelne sündenfrei wurde, sondern dass auch das gemeinschaftliche Leben reibungslos funktionierte.

Im Mittelalter ging man, wie auch heute noch, nicht davon aus, dass einem Menschen etwas vergeben wurde, das ihm nicht leidtat. Eine wesentliche Voraussetzung für die Vergebung ist, dass man Reue zeigt, »seine

Fehler wiedergutmacht und nicht seine Sünde recht-
fertigt«.[91] Im Kloster war die Bekundung von Reue ein
Auftritt, der die Person, die gefehlt hatte, demütigte,
und dieser Auftritt musste unverzüglich erfolgen, selbst
wenn der schuldige Bruder nur vermutete, er habe jemand anderen verletzt. Die Regel des heiligen Benedikt
sah vor:

> ... fühlt [ein Bruder], dass ein Älterer gegen ihn erregt
> oder auch nur ein wenig missgestimmt ist, so werfe er
> sich sogleich ohne Verzug zu seinen Füßen auf den Bo-
> den nieder und leiste so lange Genugtuung, bis sich jene
> Erregung beim Segen wieder legt.[92]

Versöhnung und nicht Bestrafung war das Ziel, eine
Heilung der zwischenmenschlichen Beziehung.

Ein Bruder, der seine Sünde bekannte, bevor er er-
wischt oder beschuldigt wurde, konnte auf mehr Nach-
sicht hoffen, da er ein reuiges Herz bewiesen hatte. Wer
von einem anderen eines Unrechts beschuldigt wurde,
steckte da schon eher in der Klemme. Hier entstand
nämlich der Eindruck, dass er sich wohl niemals von
selbst zu seiner Schuld bekannt hätte. Einem solchen
Bruder ging es mehr darum, seine eigene Haut zu retten, als darum, es bei demjenigen, dem er zu nahege-
treten war, wiedergutzumachen. Sein Interesse galt nur
sich selbst und nicht der Gemeinschaft.

Die Möglichkeit, seinem Groll Luft zu machen oder
sich seine Sünden von der Seele zu reden, war ein fester
Bestandteil der täglichen Zusammenkünfte im Kapitelsaal. Von Brüdern, denen bewusst war, dass sie einem
anderen ein Leid angetan hatten, wurde erwartet, dass
sie vortraten, sich dazu bekannten und mit Würde und

Demut ihre Strafe akzeptierten. Manchmal war die Buße harmlos und bestand etwa im mehrmaligen Aufsagen bestimmter Gebete. Sie konnte aber auch ziemlich brutal sein, wenn zum Beispiel der Übeltäter mit nacktem Oberkörper vor versammelter Mannschaft ausgepeitscht wurde.[93]

Wie die weltliche Gerichtsbarkeit im Mittelalter (trotz ihres schlechten Rufs) war auch die klösterliche auf Wiedergutmachung und Besserung eines Menschen ausgerichtet, zu seinem eigenen Besten wie auch zum Besten der Gemeinschaft. Nachdem Abbitte geleistet und eine Buße verhängt war, wurde vom Sünder erwartet, ein neues Kapitel aufzuschlagen und in Zukunft nicht mehr zu sündigen. Sollte er jedoch auch weiterhin schlecht beraten sein und damit Unruhe stiften oder den Klosterfrieden gefährden, verschärften sich auch die Strafen. Der letzte Schritt gegen einen Bruder, der sein Verhalten partout nicht ändern wollte, war die Exkommunikation und Verbannung aus dem Kloster. Das war weniger dem Drang nach Vergeltung geschuldet als dem Wunsch, die Gemeinschaft zu schützen und Schaden von ihr abzuwenden. Wie es in der Augustinusregel heißt:

> Wenn er sich weigert, diese [die Sündenstrafe] auf sich zu nehmen, soll er von eurer Gemeinschaft ausgestoßen werden ... auch das geschieht ja nicht aus Grausamkeit, sondern aus Barmherzigkeit, damit er nämlich nicht durch verderbliche Ansteckung noch viele andere ins Verderben ziehe.[94]

Selbst im mittelalterlichen Kloster mussten Vergebung und Toleranz gegen das Allgemeinwohl abgewogen werden, und mitunter erforderte es das Allgemeinwohl, dass man sich von einem Menschen, dem es nicht in erster Linie um das Wohlergehen der Gemeinschaft ging, trennte.

Beim Miteinander in unseren eigenen Gemeinschaften ist der monastische Ansatz ein hilfreiches Vorbild sowohl für Vergebung als auch für das Setzen heilsamer Grenzen. Wir bauen alle gelegentlich mal Mist und müssen uns dafür entschuldigen und es wiedergutmachen, insbesondere bei denen, die uns lieb und teuer sind. Doch besteht ein Unterschied dazwischen, jemandem seine Fehler zu verzeihen und sich auszunutzen zu lassen. Es gibt einen Punkt, an dem man die Beziehung zu manchen Menschen, wie leid sie einem auch tun mögen, besser beendet, weil sonst wir selbst – und häufig auch der andere – zu viel Schaden nehmen würden.

Das Vaterunser, das die Mönche unzählige Male aufsagten, enthält die Einsicht, dass jeder hin und wieder Fehler begeht und der Vergebung bedarf: »Vergib uns unsere Schuld, wie auch wir vergeben unseren Schuldigern.« Ein Mensch, der uns ein Unrecht zugefügt hat und wirkliche Reue sowie die Bereitschaft zur Wiedergutmachung zeigt, hat unsere Vergebung durchaus verdient. Das bedeutet aber nicht, dass wir denjenigen, die mit schöner Regelmäßigkeit unser Leben auf den Kopf stellen, unser Selbstbewusstsein untergraben oder unser Glück torpedieren, weiterhin einen Platz in unserem Freundeskreis einräumen müssen. Wie die Mönche des Mittelalters können wir ihnen vermitteln, dass wir für sie da sein werden, falls sie auf konstruktive Weise zurückkommen wollen, und dann können wir sie ziehen lassen.

Zum Wohl

Wir lesen freilich, der Wein passe für Mönche über-
haupt nicht; allein, da man in unserer Zeit die Mönche
nicht davon überzeugen kann, so wollen wir uns wenigs-
tens dazu verstehen, dass wir nicht bis zur Sättigung
trinken, sondern weniger.

Benedikt von Nursia,
Die Mönchsregel des heiligen Benedikt

Auch wenn der heilige Benedikt es nicht gerne sah, produzierten Klöster je nach klimatischen Verhält-nissen verschiedene Arten von Alkohol. Viele europäi-sche Klöster betrieben Weinberge, die es ihnen ermög-lichten, den Wein, der in ihrer religiösen Praxis eine so große Rolle spielte, selbst anzubauen. Christen durften für das Sakrament der Eucharistie kein anderes Getränk verwenden, was bedeutete, der Wein musste zu Klos-tergemeinschaften exportiert werden, die weit entfernt von Weinbergen lagen. Manche Klöster in nördlichen Ländern wie England behalfen sich allerdings mit Wein vom ebenso symbolträchtigen wie praktischen Maul-beerbaum.[95] Eine süße Ergänzung zu dem Honig und dem Wachs, die eine Abtei aus ihrem Bienenhaus ge-wann, war Met, ein Getränk, das für Menschen in ganz Europa erschwinglich war.

Das Getränk, das man wohl am ehesten mit Klöstern in Verbindung bringt, ist allerdings das Bier. Im Mittel-alter wurde Bier wegen seiner schnellen Verderblichkeit lokal hergestellt, überwiegend im häuslichen Rahmen von Frauen, die den Überschuss an Nachbarn und Städ-ter verkauften. Die Klöster übernahmen dieses Muster in einem größeren Umfang, indem sie das Bier für die

Brüder und ihre Gäste selbst brauten und die Reste ebenfalls veräußerten.

Auch wenn es uns heute etwas befremdlich erscheinen mag, dass Gottesmänner mit der Alkoholherstellung zu tun hatten, hatte die mittelalterliche Kirche damit kein Problem. Über die Verbindung von Jesus mit Wein hinaus gab es jede Menge religiöse Bezüge zu alkoholischen Getränken, vor allem in Zusammenhang mit der Heiligen Brigida von Kildare. Sie verwandelte nicht nur Badewasser in Bier, sondern erklärte auch, sie wolle im Himmel einen ganzen See voll Bier haben, den sie mit allen dort – einschließlich der Dreifaltigkeit und Maria – und auch mit den weniger Begünstigten auf Erden teilen wolle. Ein anderer Heiliger, Thomas Becket, machte der Legende nach ein so köstliches Bier aus dem Badeteich seiner Mönche, dass er nach seinem Martyrium zum Patron der Londoner Bierbrauer wurde.[96]

Bier war ein regulärer Bestandteil der Klosterernährung. Die Brüder der Barnwell Priory sollten »täglich nach dem Mittagessen zwei Krüge Bier für den Konvent und die Gäste bereitstellen, wovon einer frisch aus dem Fass gezapft, der andere aber mit den Resten aus den übrigen Krügen gefüllt werden soll.« (Nach dem Grundsatz: Spare in der Zeit, so hast du in der Not.) Weiter heißt es in der Anweisung:

Wenn neue Fässer mit Bier gefüllt werden, dürfen sie nicht ohne Aufsicht gelassen werden. Im Winter ist Stroh um die Fässer zu legen und, gegebenenfalls, ein Feuer zu entzünden. Im Sommer sind die Fenster zum Keller zu schließen, damit die Hitze der Sonne nicht an die Fässer gelangt. Der Cellerar [zuständig für Essen und Trinken] soll nicht vor dem vierten Tag neues Bier

> *zum Trinken an die Klostergemeinschaft ausgeben ...*
> *Zu allen Festtagen ersten Ranges soll der Cellerar die*
> *Klostergemeinschaft vier Tage lang mit Brot von bester*
> *Qualität sowie besonders starkem Bier versorgen.*[97]

Aus naheliegenden Gründen wurde Mönchen angeraten, beim Trinken Maß zu halten. Auch wenn uns heute eine Tagesration von fünf Litern Bier pro Kopf nicht unbedingt maßvoll erscheint, sollten wir nicht vergessen, dass die Menschen im Mittelalter von Kindesbeinen an Bier konsumierten, sodass sie ziemlich viel vertrugen, und dass Bier damals weniger Alkohol enthielt und auch nahrhafter war als heute.[98]

Trotz allem gehen Bier und Maßhalten nicht immer Hand in Hand, und so machte sich der eine oder andere Mönch gelegentlich des übermäßigen Genusses schuldig. *The Penitential of Theodore* (das Bußbuch des Theodor von Canterbury) aus dem 7. Jahrhundert, das die jeweils einem Sünder aufzuerlegende Buße zusammenfasst, nennt mehrere Strafen für Trunkenheit, entsprechend dem Rang des Mönchs und der Schwere des Vergehens. »Jeder, der entgegen dem Gebot des Herrn betrunken ist, sofern er ein heiliges Gelübde abgelegt hat, soll er bei Brot und Wasser sieben Tage Buße tun oder 20 Tage ohne Fett« (das heißt mit sehr fadem Essen), verfügt Theodore. Jedoch: »Sollte ein Mönch aufgrund von Trunkenheit erbrechen, so währe die Buße 30 Tage.« Gelegentlich kam ein Mönch allerdings auch mit einer leichteren Strafe davon, insbesondere wenn er kein Problemfall war:

> *Wenn [das Vergehen] auf Schwäche zurückzuführen*
> *ist oder darauf, dass er eine lange Zeit enthaltsam war*

*und es nicht gewohnt ist, viel zu trinken oder zu essen;
oder wenn es aus Frohsinn zu Weihnachten oder Ostern
oder irgendeinem Heiligenfest geschah und er dabei
mehr getrunken hatte, als von seinen Oberen angeordnet, dann liegt kein Vergehen vor. Wenn ein Bischof es
anordnet, liegt kein Vergehen vor, es sei denn er selbst
macht es ebenso.[99]*

Wenn man bedenkt, dass der Cellerar an bestimmten
Feiertagen extra starkes Bier ausgeben sollte, kann man
wohl davon ausgehen, dass ein Kater aufgrund von
Frohsinn eine recht häufige Unpässlichkeit war.[100]

Das Biertrinken wäre wohl einer der besten Anreize, in unserer heutigen Zeit wie ein Mönch zu leben,
vor allem angesichts der vielen Biere, die einen Bezug
zum Klosterwesen geltend machen. Zwar gibt es noch
Klostergebräue, wie etwa das berühmte Trappisten-
bier, das immer noch getrunken wird, doch gehen sie
nicht auf das Mittelalter zurück. Trappistenbiere kamen
erst im 19. Jahrhundert auf, als sich in Belgien wieder
Klöster ansiedelten.[101] Doch unabhängig davon, von wo
oder aus welcher Zeit unser Bier stammt, ist es wohl am

*Zwar hätte der heilige Bene-
dikt die Mönche am liebsten
immer nur ernst gesehen, doch
ergaben sich zwangsläufig auch
Momente der Ungezwungen-
heit, wie bei diesem Mönch, der
hinter dem Rücken seines Bruders ein Lächeln wagt.*

Quelle: Biblischer Psalter, Fol. 106r,
ca. 13. Jh. (Detail); Walters Art Museum, Baltimore, W.116.

besten, man folgt Theodors Rat und übertreibt es nicht gleich – und lässt sich auch auf keinen Trinkwettstreit mit einem Bischof ein.

Kleine Auszeiten

Wer am meisten liebt, wird den reichsten Segen empfangen, und nicht der, der das enthaltsamste Leben führt, denn die Liebe wiegt dies auf.

The Ancren Riwle

Ob Sie es glauben oder nicht, die religiöse Praxis im Mittelalter war nicht immer nur bierernst, nicht immer nur düster, und sie war auch nicht immer nur langweilig. Wie die farbenfrohen Kirchenfenster, gefliesten Fußböden, Wandmalereien und illuminierten Manuskripte konnten auch die Aktivitäten der Mönche unterhaltsam sein. Die Vorstellung, dass alle Gläubigen, ob würdig oder nicht, ein ewiges Leben voller Glück-

Neben den zum Gesang erhobenen Stimmen leistete auch das Glockengeläut seinen fröhlichen musikalischen Beitrag zum Tag im Kloster.

Quelle: Image du Monde, Fol. 30v, 1489 (Detail) ; Walters Art Museum, Baltimore, W.199.

seligkeit erwartet, ist ja durchaus ein Anlass zum Feiern, daher sollten Feste wie Weihnachten und Ostern erfüllt sein von der Freude, die im Glauben und in der Gemeinschaft steckt.

Zwar führten die Menschen im Mittelalter keine Theaterstücke von der Art auf, wie man sie aus dem antiken Griechenland oder der frühen Moderne kennt, doch sind Berichte von Aufführungen religiöser Dramen überliefert, und wie es scheint, nahmen diese ihren Ausgang in der Kirche selbst. Man weiß von schlichten Stücken um die Entdeckung des leeren Grabes Jesu, die in der Abtei von St. Gallen in der Schweiz und in der Kathedrale von Winchester in England aufgeführt wurden. Eine Unterlassungsverfügung gegen die Aufführung von Aufzügen zu Ehren des heiligen Cuthbert in der Abtei von Tynemouth lässt ebenfalls darauf schließen, dass solche Stücke tatsächlich in sakralen Räumen in Szene gesetzt wurden.[102]

Neben Theaterstücken beteiligten sich Mönche auch an religiösen Spielen. Bei einem Osterspiel beispielsweise warfen sich die Sänger eines Jubelliedes gegenseitig einen Ball zu, während sich der Spielleiter durch ein auf den Boden gezeichnetes Labyrinth bewegte. Alles andere als pietätlos war dieses Ballspiel im Kirchenraum für die Brüder ein Mittel, Jesu Macht über den Tod zu demonstrieren. So, wie man nur auf eine Weise gerettet werden konnte – durch den Glauben an Jesus –, gab es auch nur einen Weg durch das Labyrinth. Das Spiel diente also weniger dem reinen Vergnügen, es bot vor allem den Mönchen eine weitere Möglichkeit, über eine zentrale Lehre ihres Glaubens nachzusinnen.[103]

Wie wir in Kapitel 1 sahen, eignete sich auch die freie Natur perfekt dazu, sich eine Auszeit von der zer-

Der Klostergesang fand zwar überwiegend während der Gottesdienste statt, doch war er nicht immer nur ernster Natur. Manche Lieder waren heiter und gaben dem Glauben auf spielerische Weise Ausdruck.

Quelle: Antiphonale von Beaupré, Bd. 2, Fol. 113v, um 1290; Walters Art Museum, Baltimore, W.760.

mürbenden täglichen Routine im Kloster zu nehmen. Trotz der Klostermauern war von Zeit zu Zeit sogar einmal ein Ausflug möglich. Dafür sorgte schon der klösterliche Landbesitz. So war beispielsweise der Prior von Barnwell angehalten, die jüngeren Ordensmitglieder auf einen gelegentlichen Spaziergang mitzunehmen, damit sie sich die Beine vertreten konnten:

Wenn ... es ihm beliebt, zum Zwecke der Entspannung Ländereien oder Gutshöfe zu besuchen, sollte er jüngere Brüder mit sich nehmen (mal diese, mal jene), um auch ihnen Erholung zu ermöglichen.[104]

Auch wenn der Prior die Gelegenheit natürlich dazu nutzen konnte, nach seinen Pächtern zu sehen oder seinen Gefährten die Abläufe des Klosterbetriebs und seiner Besitztümer zu erläutern, waren solche Vorwände eigentlich gar nicht nötig. Die Spaziergänge dienten einfach nur dem Vergnügen und der Bewegung.

Das mag sich zwar eigenartig anhören, doch war auch der Aderlass etwas, auf das sich Mönche freuen konnten, wenn sie mal ein wenig Ruhe brauchten. Nach der mittelalterlichen Viersäftelehre, die auf den Schriften des uns schon bekannten Galen beruhte, bestand der Körper aus vier Flüssigkeiten (Säften): gelber Galle, schwarzer Galle, Blut und Schleim. Krankheiten wurden (zumindest teilweise) dadurch ausgelöst, dass diese vier Substanzen aus dem Gleichgewicht gerieten. Der Aderlass war eine Möglichkeit, dem Körper überschüssige Säfte zu entziehen und so das Gleichgewicht und damit auch die – körperliche wie seelische – Gesundheit eines Menschen wiederherzustellen.

Die klösterliche Tradition schrieb vor, dass, sofern kein zwingender Grund für ein Fernbleiben vorlag, alle Brüder regelmäßig zur Ader gelassen wurden, damit sie bei guter Gesundheit blieben. Wie jeder Blutspender weiß, ist der Körper, nachdem ihm eine größere Menge an Blut entnommen wurde, noch eine ganze Zeit danach geschwächt. Um die Sache zu vereinfachen, kamen diejenigen, die unlängst zur Ader gelassen worden waren, in den Genuss einiger Annehmlichkeiten, denen sie normalerweise nicht frönen durften: arbeitsfreie Zeit, die Möglichkeit, sich (innerhalb vernünftiger Grenzen) freimütig mit Mitbrüdern zu unterhalten, sowie Spaziergänge im Hospitalgarten. Da natürlich nicht alle zur gleichen Zeit zur Ader gelassen wurden, mag so mancher Bruder ein eigennütziges Stoßgebet gen Himmel geschickt haben, doch möglichst auf der gleichen Liste zu stehen wie ein guter Freund, damit sie die nächsten Tage mit ein wenig mehr Freiheit gemeinsam genießen konnten.

Wenn wir an Menschen denken, die sich einer einzelnen Idee verschrieben haben, dürfte uns wohl kein besseres Beispiel einfallen als die Mönche und Nonnen, die sich bis zu ihrem Lebensende hinter Klostermauern zurückziehen, um sich ganz Gott zu widmen. In unserem eigenen Leben fühlen wir uns womöglich getrieben von einem einzelnen Ziel – Reichtum, Erfolg, Ruhm, Sicherheit – unter Ausschluss alles anderen, oder wir werden gleichzeitig in tausend verschiedene Richtungen gezogen. Die moderne Forschung hat nachgewiesen, dass Auszeiten von entscheidender Bedeutung sind, sowohl für unser Wohlbefinden als auch für die Erreichung unserer Ziele,[105] und auch das scheint etwas zu sein, was wir von den Mönchen des Mittelalters lernen können. Wenn wir uns Zeit nehmen für Spaß und Spiel und für die schiere Freude an der Bewegung, können wir uns auch wieder neu mit klarem Kopf und frohem Herzen unseren Zielen widmen.

AD MELIORA

Tue immer etwas, aus dem Gutes entstehen kann.

The Ancren Riwle

Nachdem Sie bis hierher gekommen sind, haben Sie vielleicht schon entschieden, dass das Klosterleben Ihre Sache nicht ist. Viele Menschen im Mittelalter kamen zu dem gleichen Ergebnis – im Idealfall bevor sie die ewigen Gelübde ablegten.

Wissenschaftliche Studien haben, wenig überraschend, ergeben, dass das enthaltsame Leben eines mittelalterlichen Mönchs nicht unbedingt der Weg ist, auf dem wir zu einem glücklichen Leben finden werden. Schlafmangel, eine karge Ernährung, erbarmungslose Routine und ein nahezu unausgesetzter Fokus auf unsere Schwächen und Fehler, das alles ist nicht sehr angenehm und auch keine sonderlich gesunde Art zu leben, und gerade Wohlbehagen ist ja nachweislich ein unverzichtbarer Bestandteil des Glücks.[106] Wir dürfen allerdings nicht vergessen, dass es um Wohlbehagen – und selbst um Glück als Selbstzweck – beim Klosterleben gar nicht geht. Es geht darum, sich voll und ganz auf eine Weise Gott aufzuopfern, die mit Absicht hart ist, um so seine Dankbarkeit und Hingabe zum Ausdruck zu bringen, das eigene Ich vollständig aufzugeben und ein leeres Gefäß zu werden für Gottes Willen. Für die meisten von uns ist das nicht das Ziel ihres Lebens, und das ist auch völlig in Ordnung.

Was wir dennoch vom Klosterleben lernen können, ist die andere Voraussetzung zum Glücklichsein: seinem Leben einen Sinn geben. Jeder Augenblick im Leben eines mittelalterlichen Mönchs war mit Sinn erfüllt, von dem Moment an, an dem er zu mitternächtlicher Stunde beim Klang der Schlafsaalglocke die Augen aufschlug, bis zu dem Moment, wenn er sie, züchtig eingepackt in die raue Wolle seiner handgewebten Kapuze, wieder schloss. Jede Gewohnheit, jedes Ritual, jede Aktivität, jeder Austausch stand in Bezug zum Dienst am Nächsten und zum persönlichen Streben des Mönchs nach Erlösung. Glücklicherweise gingen diese beiden Ziele Hand in Hand.

Studien haben nachgewiesen, dass wir am glücklichsten sind, wenn wir in Einklang mit unseren persönlichen Werten leben und uns für andere engagieren. Das muss nicht gleich die extremen Formen klösterlicher Rituale annehmen, damit wir zufrieden sind und unsere Gemeinschaft stärker wird. Wir können unsere Talente auf so vielfältige Weise einsetzen, um unser eigenes Leben und das von anderen zu bereichern, indem wir dem klösterlichen Beispiel folgen, egal, welcher Glaubensrichtung (falls überhaupt einer) wir angehören: die Natur wertschätzen und sie genießen, ein einfaches Leben führen, über unser Leben und seine Bedeutung nachdenken, uns großzügig und einfühlsam anderen zuwenden und Maß halten. Die Mönche des Mittelalters hatten es begriffen: Wenn wir in Eintracht mit den Menschen leben, die unsere Ziele mittragen, sich mit uns freuen und uns in schlechten Zeiten trösten, wird für uns alle das Leben schöner. Doch ob wir nun allein sind oder zusammen, zu leben wie ein Mönch – das heißt sinnerfüllt und mit Mitgefühl – kann uns *ad meliora* führen: zu besseren Dingen.

Dank

Wenn man einen Ratgeber schreibt, sollte man wohl wenigstens etwas davon auch selbst praktizieren, und es macht mich sehr froh, hier einmal kurz in die Rolle des Mönchs – beziehungsweise in die einer Nonne – schlüpfen und den Menschen Danke sagen zu können, die dieses Büchlein möglich gemacht haben.

Meine ersten Dankesworte gelten dem Team bei Abbeville Press und insbesondere Lauren Bucca, die mir nicht nur das Konzept schmackhaft gemacht, sondern mich auch sicher durch die Umsetzung begleitet hat, trotz vieler Hürden, sowohl globaler als auch persönlicher Natur. Wir konnten ja nicht ahnen, dass wir bald alle ein weltabgeschiedenes Leben führen und uns einigen der gleichen Herausforderungen gegenübersehen würden, wie die Mönche des Mittelalters sie erlebten!

Der unschätzbare Wert einer Gemeinschaft von Gleichgesinnten wurde mir in der letzten Zeit überdeutlich bewusst, als sich die Gemeinschaft der Historiker, der ich das Glück habe anzugehören, als endlose Quelle der Inspiration und Unterstützung erwies, vor allem während des vergangenen schwierigen Jahres. Ich danke besonders Seb Falk dafür, dass er netterweise meinem Latein auf die Sprünge geholfen hat; Peter Konieczny dafür, dass er immer mit Forschungsmaterial und Freundschaft zur Stelle war; Charles Spencer, der mir unbewusst im buchstäblichen Sinn Raum zum Schreiben gab und dabei ein guter Freund wurde; sowie den vielen genialen Gästen beim *Medieval Podcast*, die uns Woche für Woche über den Äther großzügig an den Früchten ihrer Erkenntnisse teilhaben lassen und mir darüber hinaus, wenn die Mikrofone abgeschaltet sind, auch noch Inspiration, Ansporn und Wissen vermitteln. Ich bin so unglaublich dankbar, euch alle zu kennen.

Meinen Podcast-Hörern, Social-Media-Followern und engagierten Lesern danke ich von ganzem Herzen dafür, dass sie es mir ermöglicht haben, meinen Traum zu verwirklichen und sich mit mir auf die Reise begeben haben. Dank auch an meine Studenten und die Mitgestalter der Medieval Masterclass for Creators, die besser als alle anderen die Probleme und die Freuden einer eigenen Buchkreation verstehen. Eure Begeisterung und Unterstützung bedeuten mir unendlich viel.

Danke meinen wundervollen Eltern, die niemals die geringsten Zweifel haben, wenn es um die Ambitionen ihrer Kinder geht, meinen genialen Brüdern und Schwägerinnen, deren Talente mich in ehrfürchtige Bewunderung versetzen, und meinen Wahnsinnsnichten

und -neffen, die diesen ganzen mittelalterlichen Kram
ziemlich geil finden. Sie sind nur die Spitze des Eisbergs
einer liebevollen, unterstützenden Familie, der ich mit
so viel Dankbarkeit angehöre. Meine Freunde, alte und
neue, waren in dem stürmischen Fahrwasser der vergangenen Zeit mein Fels, und ich bin nie zuvor so muti-
gen, einfühlsamen Menschen begegnet wie beim Krav-
Maga-Training. Ich liebe euch alle unsagbar und freue
mich schon darauf, bald wieder gegen euch anzutreten.

Und last but not least danke ich meinen beiden um-
werfend schönen Töchtern, auf die ich unglaublich
stolz bin. Euer unerschütterlicher Glaube an mich, eure
Liebenswürdigkeit, eure Widerstandfähigkeit und eure
hartnäckige Weigerung, euer eigenes strahlendes Licht
aus irgendeinem Grund zu dämpfen, sind jeden Tag
aufs Neue eine Inspiration für mich.

Ich weiß, dem heiligen Benedikt würde dieses Buch
nicht gefallen, da es Nüchternheit und Entsagung nicht
sehr gut verkauft, aber ich hoffe, ich bin den Brüdern
und Schwestern einigermaßen gerecht geworden, deren Glaubensstärke in dem Wunsch wurzelte (und
wurzelt), den Menschen innerhalb und außerhalb der
Klostermauern Gutes zu tun. Am Ende vieler mittelalterlicher Manuskripte findet sich die demütige Bitte
der Autoren und Kopisten, die Leser möchten doch bitte für ihre Seelen beten. Als Zeichen meiner Wertschät-
zung möchte ich ein letztes Wort des Dankes an unsere
mittelalterlichen Klosterbrüder und -schwestern richten dafür, dass sie uns ihre Gedanken, ihre inneren
Konflikte, ihren Humor und ihren Glauben übermittelt
haben, und ich hoffe sehr, dass ihre Seelen Frieden gefunden haben.

GLOSSAR

Abt Der Mann, der einer Gemeinschaft von Mönchen vorsteht. Der Begriff geht auf das aramäische Wort abbā, Vater, zurück, und darauf verweist auch der heilige Benedikt mit Bezug auf den Römerbrief (8,15): »... wir rufen: Abba, Vater!« Der Abt sollte also eine Vaterfigur für die Mönche sein.

Abtei Die Gebäude und das Gelände einer geschlossenen Ordensgemeinschaft von Mönchen oder Nonnen (oder beiden). Siehe auch **Kloster**.

Äbtissin Die Frau, die einer Nonnengemeinschaft vorsteht. In Klöstern, in denen sowohl Nonnen als auch Mönche untergebracht waren, hatten für gewöhnlich Äbtissinnen (und nicht Äbte) das Sagen. Zur Etymologie siehe **Abt**.

Acedia Depression und Lustlosigkeit, die auf die klösterliche Lebensweise zurückgeführt werden. Acedia galt als sündhaft, da sie zu Trägheit, Zweifel und Hoffnungslosigkeit führte. Brüdern, die an Acedia litten, wurde empfohlen, eine Auszeit von ihren Pflichten zu nehmen, bis sie seelisch wieder stabil waren.

Almosenier Der für die karitative Arbeit des Klosters zuständige Mönch, etwa für die Verteilung von Geld- und Essensspenden unter den Bedürftigen und die Aufsicht über die Studenten.

Anachoret/-in Eine Person, die sich auf Dauer in eine an einer Kirche angegliederte Zelle einschloss, um sich zurückgezogen von der Welt ganz der Kontemplation zu widmen.

Augustiner Bettelmönche, die nach der *Regel des heiligen Augustinus* leben.

Benediktiner Mönche, die nach der *Mönchsregel des heiligen Benedikt* leben.

Bettelmönch Ein Mann, der ganz ähnliche Gelübde wie ein Mönch abgelegt hat (Armut, Keuschheit, Gehorsam), sein Leben aber nicht in der Abgeschiedenheit eines Klosters verbringen muss. Stattdessen waren Bettelmönche meist in der weltlichen Gemeinde aktiv, wo sie predigten und Menschen zum Christentum bekehrten. Augustiner, Franziskaner und Dominikaner zählen zu den Bettelmönchen.

Buße Eine oder mehrere Aufgaben, die ein Sünder erledigen muss, bevor er vollständig von seinen Sünden befreit ist. Häufig bestand die Buße aus mehrfachem Sprechen von Gebeten oder Fasten.

Cellerar Der für Essen und Trinken zuständige Mönch.

Chor Der Teil der Kirche, in dem Mönche und Nonnen ihre Gottesdienste abhalten.

Cluniazenser Mönche, die, nach den Vorgaben ihres Mutterhauses in Cluny, Frankreich, der *Mönchsregel des heiligen Benedikt* mit leichten Abwandlungen folgten. Weil ihre Gottesdienste sehr viel länger und ausführlicher waren als die anderer Orden, verbrachten sie mehr Zeit in der Kirche und weniger mit körperlicher Arbeit.

Dormitorium Der gemeinsame Schlafsaal der Mönche.

Eremit Ein Mensch, der sich aus der Zivilisation zurückzieht, um sich ganz Gott zu widmen.

Eucharistie Das Sakrament, bei dem während der Messfeier unter dem Segen des Priesters Brot und Wein in Jesu Leib und Blut verwandelt werden.

Fegefeuer Der Ort, an dem Seelen, die nicht gleich in die Hölle geschickt wurden, aber auch noch nicht in den Himmel durften, warten mussten, bis ihre Sünden abgebüßt waren. Nach dem Glauben der Menschen im Mittelalter konnten Gebete die Zeit ihrer Angehörigen im Fegefeuer verkürzen, daher machten sie häufig Spenden an Klöster, damit die Mönche oder Nonnen für die Toten beteten.

Gotik Ein im 12. Jahrhundert einsetzender Bau- und Ausstattungsstil, für den eine aufwändige Formgebung als Ausdruck der Frömmigkeit charakteristisch ist. Die Kathedrale Notre Dame in Paris gilt als Musterbeispiel für die gotische Architektur.

Habit Das an schlichtesten mittelalterlichen Kleidern orientierte Gewand eines Mönchs oder einer Nonne.

Illuminieren Handschriften mit Buchmalerei verzieren.

Infirmarius Ein Mönch, der für die Versorgung der Kranken zuständig war.

Kapitelsaal Auch kurz Kapitel genannt. Versammlungsraum, in dem alle Mönche beziehungsweise Nonnen (nicht aber Novizen und Laienbrüder beziehungsweise -schwestern) jeden Morgen die Tagesgeschäfte des Klosters besprachen.

Kirchenväter Christliche Autoren, bei denen Gläubige Orientierung in theologischen Dingen suchten, etwa in der heiklen Frage, ob man auch heidnische Bücher lesen sollte. Zu den bedeutendsten Kirchenvätern gehören der heilige Hieronymus und der heilige Augustinus.

Klausur Die den Mönchen beziehungsweise Nonnen vorbehaltenen Gebäude innerhalb des **Klosterbezirks**. Sie umfassten für gewöhnlich ein **Dormitorium**, ein **Refektorium** und einen **Kapitelsaal** und waren quadratisch oder rechteckig um einen **Klostergarten** angeordnet, wobei die Kirche eine Seite bildete.

Kloster Die Gebäude und das Gelände einer geschlossenen Ordensgemeinschaft von Mönchen oder Nonnen (oder beiden). Siehe auch **Abtei**.

Klostergarten Die quadratische oder rechteckige Grünfläche in der Mitte der **Klausur**.

Konvent Die Gesamtheit der Mitglieder einer Ordensgemeinschaft.

Kukulle Ein Kapuzengewand.

Laienbruder/Laienschwester Ein Mitglied einer Klostergemeinschaft, das einfache Gelübde abgelegt hat, aber kein vollwertiger Mönch beziehungsweise keine vollwertige Nonne ist. Als Hilfspersonal lebten sie auf dem Klostergelände und sorgten mit teilweise qualifizierter Arbeit und Dienstleistungen für die Aufrechterhaltung des Klosterlebens.

Mönch Ein Mann, der sich mit Gelübden zu Armut, Keuschheit und Gehorsam verpflichtet hat und auf Dauer in einer geschlossenen Gemeinschaft lebt.

Nonne Eine Frau, die sich mit Gelübden zu Armut, Keuschheit und Gehorsam verpflichtet hat und auf Dauer in einer geschlossenen Gemeinschaft lebt.

Novize Ein neues Mitglied einer Klostergemeinschaft, das ein Jahr lang in einem Kloster leben und seine Regeln und Rituale kennenlernen muss, bevor es seine Gelübde abgelegen darf. Diese Probezeit heißt **Noviziat**.

Oblate Ein Kind, das zur Erziehung in ein Kloster gegeben wurde.

Pilger Menschen, die an einen religiös bedeutsamen Ort reisen. Mittelalterliche Pilger besuchten häufig Heiligenschreine, um dort Hilfe zu erbitten, Dank zu sagen oder **Buße** zu tun. Sie glaubten, dass heilige **Reliquien** die Kraft hatten, ihnen in ihrer Not zu helfen.

Prior In Klostergemeinschaften ohne **Abt** ist das der Vorsteher des Klosters, ansonsten der Vertreter des Abtes.

Refektorium Der Speisesaal eines Klosters.

Regularkleriker Menschen, die nach einer Ordensregel (*regula*) leben. Dazu gehörten Mönche, Nonnen, Brüder sowie Mitglieder von Ritterorden wie den Templern und den Johannitern.

Reliquie Ein heiliger Gegenstand, dem die Kraft zugeschrieben wird, Wunder zu wirken. Üblicherweise handelt es sich dabei um die Knochen von Heiligen, doch es zählen auch Jesu Dornenkrone, Splitter von seinem Kreuz und sogar Tropfen von der Muttermilch Marias dazu. Reliquien wurden in geweihten Behältern, den **Reliquiaren**, aufbewahrt, die häufig die Form der Reliquie annahmen, etwa eines Arms, Fußes oder sogar eines Kopfes.

Sakrament Eins der wichtigsten religiösen Rituale, die die Grundlage des christlichen Glaubens bilden. Dazu gehören zum Beispiel die Taufe, die Eucharistie, die Ehe sowie die Priesterweihe.

Sakristan Die Person, die für die in der Messe verwendeten Gegenstände zuständig war, darunter die Gefäße für das Brot und den Wein der Eucharistie. Der Sakristan läutete auch die Glocken – oder wies andere dazu an – zu den Gottesdiensten.

Säkularkleriker Geistliche, die in einer Gemeinde und nicht im Kloster leben und arbeiten. Dazu gehören Priester, Bischöfe und im Mittelalter auch Kopisten.

Scholaren Junge Männer, die von der Kirche eine umfassende Bildung erhielten, aber nicht zum Priester geweiht wurden oder Mönchsgelübde ablegten.

Schrein Ein Behälter für **Reliquien**.

Skriptorium Der Raum, in dem Mönche Manuskripte verfassten, kopierten und illuminierten.

Stundengebet Zu festen Zeiten des Tages von Geistlichen oder auch frommen Laien zu sprechende beziehungsweise zu singende Gebete und Gesänge. Sie richteten sich nach der Dauer des Tageslichts. Man kennt sie auch unter ihren einzelnen Namen Matutin, Laudes, Prim, Terz, Sext, Non, Vesper und Komplet. Mönche und Nonnen fertigten gelegentlich auf Bestellung sogenannte Stundenbücher für fromme Laien.

Theologe Ein Wissenschaftler, der sich mit Religionen beschäftigt.

Tonsur Eine abrasierte kreisrunde Stelle auf dem Kopf eines Geistlichen. Der Ursprung ist umstritten. Es liegt nahe, darin eine Absage an die Sexualität zu sehen, doch pries der heilige Thomas von Aquin Tonsuren, weil sie Kronen ähneln und als Kreise die perfekte Form aufweisen. Für Thomas machte sie das zu treffenden Symbolen für alle, die nach geistlicher Vollkommenheit und der himmlischen Krone strebten.

Zisterzienser Mönche, die, nach den Vorgaben ihres Mutterhauses in Cîteaux, Frankreich, die *Mönchsregel des heiligen Benedikt* besonders streng einhielten. Meist trugen sie weiße Gewänder aus ungefärbter Wolle und lebten in Gemeinschaften, die so autark und entlegen wie möglich waren.

LITERATURVERZEICHNIS

Balthasar, Hans Urs von (Hg.), *Die großen Ordensregeln*, Einsiedeln, Zürich und Köln 1948.

Benedikt von Nursia, *Die Mönchsregel des heiligen Benedikt*, übers. von P. Pius Bihlmeyer OSB, 3. verb. Aufl., Beuron 1926.

Ben-Shahar, Tel, *Choose the Life You Want: The Mindful Way to Happiness*, New York 2012.

-- *Glücklicher. Lebensfreude, Vergnügen und Sinn finden*, München 2007.

Bevington, David, *Medieval Drama*, Boston 1975.

Biller, Peter und A. J. Minnins (Hgg.), *Medieval Theology and the Natural Body*, York 1997.

Caesarius von Heisterbach, *Dialogus Miraculorum. Dialog über die Wunder*, übers. u. komm. von Nikolaus Nösges und Horst Schneider, 5 Bde., Turnhout 2009 (Reihe Fontes Christiani).

Clark, John Willis (Übers.), *The Observances in Use at the Augustinian Priory of S. Giles and S. Andrews at Barnwell, Cambridgeshire*, Cambridge 1897.

Clear, James, *Die 1%-Methode, minimale Veränderung, maximale Wirkung*, München 2020.

Cullum, P. H. und Katherine J. Lewis, *Holiness and Masculinity in the Middle Ages*, Toronto 2005.

Damian, Peter, »The Monastic Ideal«, in: James Bruce Ross und Mary Martin McLaughlin (Hgg.), *The Medieval Reader*, New York 1962, S. 49–55.

De Hamel, Christopher, *Medieval Craftsmen: Scribes and Il-luminators*, Toronto 1992.

Everett, Nicholas (Übers.), *The Alphabet of Galen: Pharmacy from Antiquity to the Middle Ages; A Critical Edition of the Latin Text with English Translation and Commentary*, Toronto 2014.

Falk, Seb, *The Light Ages: The Surprising Story of Medieval Science*, New York 2020.

Frank, Karl Suso, *Frühes Mönchtum im Abendland*, Zürich und München 1975.

Goleman, Daniel und Richard Davidson, *Altered Traits: Science Reveals How Meditation Changes Your Mind, Brain, and Body*, New York 2017.

Harris, Max, *Sacred Folly: A New History of the Feast of Fools*, Ithaca 2011.

Hartnell, Jack, *Medieval Bodies: Life and Death in the Middle Ages*, New York 2018.

Hoffman, Richard und Mariette Gerber, *The Mediterranean Diet: Health and Science*, Chichester 2012.

Horback, Mary Imelda, »An Annotated Translation of the Life of St. Thomas Becket by Herbert Bosham (Part One)«, Magisterarbeit Loyola University 1945. https://ecommons.luc.edu/cgi/viewcontent.cgi?article=1214&context=luc_theses.

Isaacson, Walter, *Steve Jobs*, München 2011.

Jocelin of Brakelond, *Chronicle of the Abbey of Bury St Edmunds*, übers. von Diana Greenway und Jane Sayers, Oxford 1989.

Johnson, Lauren, *The Shadow King: The Life and Death of Henry VI*, New York 2019.

Lady Julian of Norwich, *Offenbarungen von göttlicher Liebe*, übers. von Elisabeth Strakosch, Einsiedeln 1960.

Kerr, Julie, »Health and Safety in the Medieval Monasteries of Britain«, in: *History* 93, Nr. 1 (Januar 2008), S. 3–19.

-- *Life in the Medieval Cloister*, New York 2009.

Kondo, Marie, *Magic Cleaning. Wie richtiges Aufräumen Ihr Leben verändert*, Reinbeck 2013.

Landsberg, Sylvia, *Medieval Gardens*, London 1996.

Lev, Efraim und Zohar Amar, *Practical Materia Medica of the Medieval Eastern Mediterranean According to the Cairo Genizah*, Boston 2008.

McMillan, Douglas J. und Kathryn Smith Fladenmuller, *Regular Life: Monastic, Canonical, and Mendicant Rules*, Kalamazoo 1997.

Melville, Gert, *Die Welt der mittelalterlichen Klöster. Geschichte und Lebensformen*, München 2012.

Meyvaert, Paul, »The Medieval Monastic Garden«, in: Elisabeth MacDougall (Hg.), *Medieval Gardens*, Washington DC 1986, S. 23–54.

Morton, James (Hg. und Übers.), *The Ancren Riwle: A Treatise on the Rules and Duties of Monastic Life*, London 1853.

Muir, Elizabeth Gillan, *A Women's History of the Christian Church: Two Thousand Years of Female Leadership*, Toronto 2019.

Orme, Nicholas, *Medieval Children*, New Haven 2003.

Phillips, Noëlle, *Craft Beer Culture and Modern Medievalism: Brewing Dissent*, Leeds 2020.

Rawcliffe, Carole, Urban Bodies: *Communal Health in Late Medieval English Towns and Cities*, Woodbridge 2013.

Theodore of Tarsus, »The Penitential of Theodore«, in: Patrick J. Geary (Hg.), *Readings in Medieval History*, Peterborough 1989, S. 276–298.

Townsend, David, *Saints' Lives, Bd. 1: Henry of Avranches*, Cambridge MA 2014.

Wallis, Faith, *Medieval Medicine: A Reader*, Toronto 2010.

Williams, Mark, John Teasdale, Zindel Segal und Jon Kabat-Zinn, *Der achtsame Weg durch die Depression*, Freiburg i. Br. 2007.

Wilson-Lee, Kelcey, *Daughters of Chivalry: The Forgotten Children of Edward I.*, London 2019.

Winfrey, Oprah, *What I Know for Sure*, New York 2014.

REGISTER

A

Abt 11, 18, 21, 24, 33, 49, 51, 54 ff., 61 f., 71, 115, 117, 127, 135, 157, 161

Abtei 12, 15, 37, 44, 49, 51, 54 ff., 67, 72, 85, 87, 112, 114, 128, 142, 147, 157, 160

Abtei Fontevraud 12

Abtei von Bury Saint Edmunds 54, 114

Abtei von St. Gallen 147

Abtei von Tynemouth 147

Äbtissin 12, 157

Abū al-Husain ibn Abd Allāh ibn Sīnā 86

Acedia 105, 107 f., 157

Aderlass 149

Albertus Magnus 30 f.

Albrecht (Herzog) 91

Almosenier 112, 157

Almugavar-Stundenbuch 8

Anachoret/-in 157

Ancren Riwle 10, 29, 47, 68, 78 ff., 84, 90, 92 f., 96 f., 104, 107 ff., 119, 134 ff., 146, 151

Antiphonale von Beaupré 87, 148

Apostel 72, 81

Aristoteles 85

Astronomie 86

Augustiner 11, 17, 158

Augustinus von Hippo Siehe Heiliger Augustinus 137

Augustinusregel 49, 137, 140

Aussem Hours 42

Avicenna Siehe Abū al-Husain ibn Abd Allāh ibn Sīnā 86

B

Baldwin 135

Barnwell Priory

Beichte 12, 85, 91 f., 98 f., 138

Belgien 145

Benedikt von Nursia Siehe Heiliger Benedikt 7, 11, 19, 23, 33, 42, 48, 57, 77, 101, 123, 127, 133, 142

Benediktiner 11, 44, 135, 158

Benediktregel 20

Bettelmönch 11, 158

Bibliothek 22, 84-87, 89, 128

Biblischer Psalter 145

Bier 142-145

Book of Kells 129

Bruder Tuck 11

Buchmaler 159

Buddhismus 78

Buße 91 f., 140, 144, 158, 161

C

Caelius Aurelius 86

Caesarius von Heisterbach 13, 16, 98

Cellerar 24, 143 ff., 158

Chor 16, 158

Christentum 78, 85, 101, 109, 138, 158

Christlich 9, 44, 48, 86, 91, 93, 112, 124, 138, 159, 161,

Chronik der Abtei von Bury Saint Edmunds 54, 114

Cluniazenser 12, 24, 158

Covid-19 7, 114

D

De herbis et curis (Hippokrates) 86,

De medicina (Caelius Aurelius) 86

Dialog über die Wunder (Caesarius) 13, 81, 98 f., 117, 163

Dioscurides 85

Dominikaner 11, 31, 158

Dormitorium 19, 23, 26, 96, 158 f.

Dreifaltigkeit 32, 143

E

Edward I. (König) 14

Eleonore von Aquitanien (Königin) 12

Eleonore von der Provence (Königin) 14

England 11, 14, 17, 37, 63, 142, 147

Erde 39, 44, 46, 93, 119, 121

Eremit/-in 57, 158

Ernährung 22, 36, 38, 43, 106, 151

Eucharistie 58, 72, 142, 158, 161

Europa 16, 36, 86, 138, 142

Evangeliar von Lindisfarne 129

F

Fastenzeit 36, 86 f.

Fegefeuer 27, 92, 159

Franziskaner 11, 158

G

Galen 94, 149, 164

Garten 19, 29 ff., 41, 46, 106

Garten Eden 29, 46

Gebet 18 f., 23, 57, 78 f., 90, 92 f., 120

Gebetbuch
   um 1500 81
   frühes 16. Jh. 79, 88

Gelübde 11, 14, 16, 18, 22, 25, 63, 71, 113, 144, 151, 158, 160

Gesang 146

Glocke 120, 161

Gotik 159

Gott 14, 16, 18, 23, 47, 50, 58, 67, 71, 90, 92 f., 96, 102 f., 112, 150, 152, 158

griechische Sprache 85, 111

H

Habit 17, 70 f., 159

Hagiographie 84

Heilige Brigida 143

Heilige Katharina 85

Heiliger Antonius 8

Heiliger Augustinus 138, 158 f.

Heiliger Basilius 60, 70, 110

Heiliger Benedikt 7, 11, 19 f., 23, 25, 33 f., 42, 48, 51, 57, 62, 66 ff., 70 f., 74, 77, 84, 88, 90, 101, 123, 127, 133, 135, 139, 142, 155, 157 f., 162 f.

Heiliger Cuthbert 147

Heiliger Edmund 114, 116

Heiliger Hieronymus 8, 84, 159

Heiliger Lukas 127

Heiliger Markus 122

Heiliger Matthäus 127

Heiliger Nikolaus 111

Heiliger Oswald 45

Heiliger Paulus 138

Heiliger Petrus Damiani 44, 53

Heiliger Thomas Becket 45, 113, 143

Henry VI. (König) 45

Herbarium (Dioscurides) 85

Hippokrates 85, 94

Hospital 61, 124

Hospital zum heiligen Johannes von Jerusalem 124

Hôtel Dieu 124

Hugo de Folieto 30

I

Image du Monde 120 f., 146

J

Jesus 46, 53, 72, 80, 82, 95, 102, 131, 143, 147

Jobs, Steve 89, 164

Jocelin of Brakelond 55, 114, 116, 164

Johanniter 161

Juliana von Norwich 80, 99

Jungfrau Maria 112

K

Kapitelsaal 17, 21, 55 f., 66, 139, 159

Karl der Große 11

Kathedrale von Salisbury 121

Kathedrale von Winchester 147

Kelch 58

Kempe, Margery 99

Kirchenväter 25, 69, 84, 111, 159

Kirkstall Abbey 23

Klausur 11, 16, 106, 159 f.

Klerus 111

Kloster 9, 12-25, 33 f., 37, 42, 48 ff., 53-56, 58, 61, 64, 72 f., 84, 88, 102, 106, 113, 115 f., 119, 123, 127, 133, 139 f., 142, 145 f., 148, 157, 159 ff.

Klosterbezirk 12, 19, 22

Klostergarten 31, 34, 93, 160

Klosterregel von Barnwell 16, 64, 66, 112

Kolosserbrief 94

Kommunion 18

Konvent 143, 160

Kreuzigung 32, 103

Kreuzzüge 137

Kukulle 51, 160

L

Labyrinth 147

Laienbrüder 15, 26, 159 f.

Laienschwestern 160

Längeren Regeln, Die (Basilius) 60, 70, 110

Lateinische Sprache 85, 124

Letztes Abendmahl 72

Londoner Bierbrauer 143

M

Manuskripte 22, 127 ff., 132, 146, 155, 162

Maria Magdalena 72
Mary (Prinzessin) 14
Meditation 32, 44, 78 ff., 82, 129
Memento mori 42 f., 45
Messe 12, 24, 27, 54 f., 111, 161
Minimalismus 47 f., 58 f., 74, 77, 123
Mittelalter 8 ff., 12 f., 20, 24 ff., 33-42, 52, 54, 75, 78, 80, 87, 91 f., 95 f., 100, 102 f., 109 f., 112, 114, 119 f., 123, 131, 133 f., 138, 140, 142, 144 ff., 147, 151, 159, 161
Monasteriales Indicia 67
Montecassino, Italien 11, 50
Muhammad ibn Musa al-Chwarizmis 86

N

Naher Osten 137
Nightingale, Earl 89
Nonne 12, 16, 71, 110, 153, 159 f.
Novize 16, 18, 160
Noviziat 16, 160

O

Oblate 62, 160
Obstgarten 22, 36, 44, 72
Ordericus Vitalis 61 f.
Ostern 33, 145, 147

P

Papst 51
Plato 85
Psalmen 17, 84, 111, 119
Psalter 145

R

Refektorium 19 f., 24, 96, 159, 161
Reineke Fuchs 131
Reliquien 54, 161 f.
Renaissance 85
Reue 91, 93, 110, 138 f., 141
Richard Löwenherz (König) 12
Robin Hood 11

S

Sakrament 142, 158, 161
Sakristan 24, 54, 120, 161
Samson, Abt 55, 115
Scholaren 112 f., 162
Schreiber 10, 127
Schreibtafel 51
Schrein 116 f., 160 ff.
Schulbildung 13, 84, 110
Schwarzer Tod 39, 44, 115
Skriptorium 22, 162
soziale Medien 60 f., 65, 114, 118
Stundenbücher
    um 1300-1310 71
    um 1430-1435 63
    um 1460-1470 83, 125
    um 1500 8, 35, 43, 127
    spätes 13. Jh. 131
Stundengebet 23 f., 73, 119, 162
Sünde 9, 15, 53, 92, 95, 110, 138 f.

T

Tafel vom christlichen Glauben und Leben (Albrecht) 91

Taufe 161
Templer 11
Testament 72
Teufel 62
The Penitential of Theodore
    144
Theologe 162
Theologie 16, 89, 94, 112, 124
Thor 95
Tonsur 11, 18, 162
Trägheit 9, 21, 105, 157

U

Uhr 74, 116

V

Vaterunser 141
Viersäftelehre 149

Visionboard 59
Völlerei 9

W

Weihnachten 33, 145, 147
Wein 37 f., 72, 142 f., 158, 161
Wilde, Oscar 133
Wilhelm von Auvergne 30
Wohltätigkeit 112, 123, 125
Wunder 13, 26, 55, 81, 85, 98 f.,
    104, 117, 161

Z

Zisterzienser 11, 23, 96, 162

ABBILDUNGSNACHWEIS

ANMERKUNGEN

Ad regulam

[1] Für diesen Abschnitt über das Klosterleben im Allgemeinen greife ich auf Julie Kerrs Buch *Life in the Medieval Cloister* zurück, das für eine ausführlichere Lektüre über das Leben im Kloster sehr zu empfehlen ist.

[2] Mary legte schon mit sechs Jahren erste Gelübde ab, was höchst ungewöhnlich war. Mit zwölf legte sie formale Gelübde ab, immer noch mindestens vier Jahre früher als üblich. Marys Vater stimmte zu, gegen den ausdrücklichen und heftigen Widerstand ihrer Mutter, Eleonore von Kastilien. Vgl. Kelcey Wilson-Lee, *Daughters of Chivalry: The Forgotten Children of Edward I.*, London 2019, S. 54 und 58.

[3] Vgl. Shannon McSheffrey, »Sanctuary with Shannon McSheffrey«, in: *The Medieval Podcast*, produziert von Danièle Cybulskie, 22. Januar 2020, https://themedievalpodcast.libsyn.com/website/sanctuary-with-shannon-mcsheffrey.

[4] Vgl. John Willis Clark (Übers.), *The Observances in Use at the Augustinian Priory of S. Giles and S. Andrew at Barnwell, Cambridgeshire*, Cambridge 1897. Obwohl die Augustiner eigentlich Bettelmönche sind, erwartete man in Barnwell, dass sie innerhalb der Klostermauern blieben, und auch ihre Regeln und Aktivitäten ähneln sehr stark denen der Benediktiner. Für einen eingehenderen Überblick über das Alltagsleben im Kloster stehen uns nur relativ wenige Texte aus dem Mittelalter zur Verfügung, daher beziehe ich mich bei meinen Ausführungen über das Klosterleben auf diese detailreiche Quelle.

[5] Clark, *Observances*, S. 125.

[6] Vgl. Kerr, *Life in the Medieval Cloister*, S. 110.

Kapitel 1: Pflanzen- und Seelenpflege

[7] Sylvia Landsberg, *Medieval Gardens*, London 1996, S. 36.

[8] Paul Meyvaert, »The Medieval Monastic Garden«, in: Elisabeth B. MacDougall (Hg.), *Medieval Gardens*, Washington, DC, 1986, S. 45.

[9] Landsberg weist darauf hin, dass Mönche über die Dreifaltigkeit sinnierten, indem sie sie mit »den drei Zuständen des Wassers [verglichen], der sprudelnden, schäumenden Quelle oder Fontäne, der flachen, fließenden Fläche und dem stillen, bewegungslosen Teich.« Landsberg, *Medieval Gardens*, S. 58 ff. und 41. Vgl. auch Meyvaert, »The Medieval Monastic Garden«, S. 52.

[10] Vgl. Tina Bringslimark, Terry Hartig und Grete Grindal Patil, »Psychological Benefits of Indoor Plants in Workplaces: Putting Experimental Results into Context«, in: *HortScience* 42, Nr. 3 (Juni 2007), S. 581–587, https://doi.org/10.21273/HORT-SCI.42.3.581; Roger Ulrich, »Health Benefits of Gardens in Hospitals«, Referat bei der Tagung Plants for People, Januar 2002, https://www.researchgate.net/publication/252307449_Health_Benefits_of_Gardens_in_Hospital.

[11] Vgl. Landsberg, *Medieval Gardens*, S. 41.

[12] *Die Mönchsregel des heiligen Benedikt*, übers. von P. Pius Bihlmeyer OSB, 3. verb. Aufl., Beuron 1926, S. 77.

[13] Für einen kurzen Überblick über die klösterliche Einstellung zu Fleisch (und seine lüsternen Konnotationen), Fisch und Aal vgl. John Wyatt Greenlee, »Medieval Eels with John Wyatt Greenlee«, in: *The Medieval Podcast*, produziert von Danièle Cybulskie, 1. November 2020, https://www.medievalists.net/2020/11/medieval-eels-john-wyatt-greenlee/.

[14] Vgl. Francesco Sofi, Rosanna Abbate, Gian Franco Gensini und Alessandro Casini, »Accruing Evidence on Benefits of Adherence to the Mediterranean Diet on Health: An Updated Systematic Review and Meta-Analysis«, in: *American Journal of Clinical Nutrition* 92, Nr. 5 (November 2010), S. 1189–1196, https://doi.org/10.3945/ajcn.2010.29673; Richard Hoffman und Mariette Gerber, *The Mediterranean Diet: Health and Science*, Chichester 2012, S. 1.

[15] Die Wirksamkeit von Pfefferminzöl basiert offensichtlich auf Menthol (abgeleitet vom lateinischen Wort für Minze). Vgl. Babar Ali, Naser Ali Al-Wabel, Saiba Shams, Aftab Ahamad, Shah Alam Khan und Firoz Anwar, »Essential Oils Used in Aromatherapy: A Systematic Review«, in: *Asian Pacific Journal of Tropical Biomedicine* 5, Nr. 8 (August 2015), S. 601–611, https://doi.org/10.1016/j.apjtb.2015.05.007.

[16] Nicholas Everett (Übers.), *The Alphabet of Galen: Pharmacy from Antiquity to the Middle Ages*, Toronto 2014, S. 231, 38, 201, 147; Faith Wallis, *Medieval Medicine: A Reader*, Toronto 2010, S. 103. Studien zu den antibakteriellen Eigenschaften von Pflanzen haben vielversprechende Ergebnisse über die Heilwirkung von Kamille erzielt, vor allem im Mundbereich. Auch andere bekannte Pflanzen wie Oregano, Rosmarin und Basilikum weisen Anzeichen von antibakteriellen Eigenschaften auf. Vgl. François Chassagne, Tharanga Samarakoon, Gina Porras, James T. Lyles, Micah Dettweiler, Lewis Marquez, Akram M. Salam, Sarah Shabih, Darya Raschid Farrokhi und Cassandra L. Quave, »A Systematic Review of Plants with Antibacterial Activities: A Taxonomic and Phylogenetic Perspective«, in: *Frontiers in Pharmacology* 8 (Januar 2021), https://doi.org/10.3389/fphar.2020.586548.

[17] *The Alphabet of Galen* empfiehlt hier die schwarze Maulbeere (*Morus nigra*), doch hat sich der Extrakt von weißer Maulbeere (*Morus alba*) in Tests mit Ratten als wirksames Heilmittel bei Verbrennungen erwiesen. Vgl. Landsberg, *Medieval Gardens*, S. 41; Everett, *Alphabet of Galen*, S. 291; Nitish Bhatia, Arunpreet Singh, Rohit Sharma, Amandeep Singh, Varinder Soni, Gurjeet Singh, Jaideep Bajaj, Ravi Dhawan und Balwinder Singh, »Evaluation of Burn Wound Healing Potential of Aqueous Extract of Morus alba Based Cream in Rats«, in: *Journal of Phytopharmacology* 3, Nr. 6 (November-Dezember 2014), S. 378–383, https://doi.org/10.31254/phyto.2014.3601.

[18] Clark, *Observances*, S. 203. Ingwer lindert Übelkeit. Zimt galt unter anderem als wirksam gegen Husten und Pfingstrose gegen Epilepsie und Alpträume. (Gehen Sie aber unbedingt zum Arzt, bevor Sie diese Mittel eigenmächtig ausprobieren.) Vgl. Ephraim Lev und Zohar Amar, *Practical* Materia Medica

of the Medieval Eastern Mediterranean According to the Cairo Genizah, Boston 2008, S. 145 und 235 f.

[19]   Peter Damian, »The Monastic Ideal«, in: James Bruce Ross und Mary Martin McLaughlin (Hgg.), *The Portable Medieval Reader*, New York 1962, S. 53.

[20]   Vgl. Mary Imelda Horback, »An Annotated Translation of the Life of St. Thomas Becket by Herbert Bosham (Oart One)«, Magisterarbeit an der Loyola University 1945, S. 11; David Townsend, *Saints' Lives*, Bd. 1: *Henry of Avranches*, Cambridge MA 2014, S. 255; Lauren Johnson, *The Shadow King: The Life and Death of Henry VI*, New York 2019, S. 550.

[21]   Zu einer »grünen Bestattung« gehört, laut der Green Burial Society of Canada, »keine Einbalsamierung, unmittelbare Erdbestattung, ökologische Wiederherstellung und Konservierung, gemeinschaftliches Gedenken sowie optimale Nutzung von Land«. Dazu und für einen guten Überblick über grüne Bestattungen siehe Chloe Rose Stuart-Ulin, »Green Burials: Everything You Need to Know about the Growing Trend«, *CBC* 29. 10.2019, https://www.cbc.ca/life/culture/green-burials-everything-you-need-to-know-about-the-growing-trend-1.5340000.

Kapitel 2: Minimalismus als Ideal

[22]   Elizabeth Gillan Muir, *A Women's History of the Christian Church: Two Thousand Years of Female Leadership*, Toronto 2019, S. 81.

[23]   *Die Regel des heiligen Augustinus*, übers. von P. Winfried Hümpner, in: Hans-Urs von Balthasar (Hg.), *Die großen Ordensregeln*, Einsiedeln, Zürich, Köln 1948, S. 99–133, hier S. 124.

[24]   In manchen Klöstern war das zuweilen wohl wenig hilfreich: Wie Seb Falk nachweist, hießen im Jahr 1380 im Kloster Saint Albans 23 von den 58 Mönchen Johannes. Vgl. Seb Falk, *The Light Ages: The Surprising Story of Medieval Science*, New York 2020, S. 15. Vgl. auch Kerr, *Life in the Medieval Cloister*, S. 59.

[25]   Vgl. *Mönchsregel des heiligen Benedikt*, S. 101.

[26] In seiner Übersetzung der Benediktregel ins Englische äußert Bruce L. Venarde die Vermutung, dass es sich beim Skapulier um »ein Überziehhemd, einen Kittel oder ein schürzenartiges Kleidungsstück handelte, damit die restliche Kleidung bei der körperlichen Arbeit nicht schmutzig wurde oder zerriss«. Es könnte seiner Einschätzung nach auch eine Kapuze gehabt haben. Benediktregel, S. 100.

[27] Vgl. Kerr, *Life in the Medieval Cloister*, S. 45.

[28] Laut Marie Kondo, der Verfasserin von *Magic Cleaning. Wie richtiges Aufräumen Ihr Leben verändert* (Reinbeck 2013), sollte man sich bei einer Neuordnung seines Lebens unbedingt zuerst seine Kleidungsstücke vornehmen, da man ihrer Ansicht nach darüber am leichtesten entscheiden kann, ob man sie noch braucht oder nicht. Da der heilige Benedikt Kondos grundlegende Frage bei allen materiellen Gegenständen – »Macht es mich glücklich?« – wohl missbilligen würde mit der Begründung, dass das Festmachen von Glück an materiellen Dingen wie Kleidern von Eitelkeit oder Stolz zeugt, sollten wir uns bei unseren Überlegungen, warum wir bestimmte Dinge behalten, vielleicht besser nicht nach klösterlichen Grundsätzen richten.

[29] Da im Mittelalter auf Pergament aus Kalbs- oder Schafhaut geschrieben wurde, konnte es teuer werden, sich Notizen zu machen. Darum benutzte man für kürzere Texte kleine Holz- oder Elfenbeintafeln, die mit Bienenwachs überzogen waren. Mit einem Stilus (Griffel) ritzte man seine Notizen in den Wachs, und hinterher rieb oder kratzte man sie vorsichtig wieder ab, damit man die Tafel nochmals benutzen konnte. Das Messer auf der Liste war nicht zur Verteidigung gedacht, sondern um damit zu essen. Vgl. *Mönchsregel des heiligen Benedikt*, S. 101 f.

[30] Vgl. *Die Mönchsregel des heiligen Benedikt*, S. 96 f.

[31] Vgl. Jocelin of Brakelond, *Chronicle of the Abbey of Bury St. Edmunds*, engl. Übers. Diana Greeenway und Jane Sayers, Oxford 1989, S. 102 f. Dem Währungsrechner des UK National Archive für die Zeit von 1270–2017 (https://www.nationalarchives.giv.uk/currency-converter) zufolge entspräche der Wert von 13 Schillingen 1270 (so weit, wie der Rechner

zurückreicht, wenngleich immer noch 70 Jahre nach Johns Krönung) heute etwa 475 Britische Pfund (558 Euro, Stand 19.7.2022). Für einen König war das, damals wie heute, keine besonders großzügige Zuwendung, insbesondere nachdem er mit seinem umfangreichen Gefolge mindestens eine Nacht in der Abtei verbracht hatte. Trotzdem hätten sich die Mönche davon eine Kuh kaufen oder für 65 Tage einen Facharbeiter bezahlen können.

[32] Jocelin, *Chronicle*, S. 35.

[33] *Die Mönchsregel des heiligen Benedikt*, S. 99 f.

[34] Clark, *Observances*, S. 121.

[35] Die These, dass wir der Durchschnitt unserer fünf engsten Freunde sind, geht nicht auf einen Wissenschaftler zurück, sondern auf den Motivationstrainer Jim Rohn. Allerdings wurde das Phänomen des Gruppeneinflusses ausführlich erforscht. Einige Beispiele sind Gewichtsverlust beziehungsweise -zunahme, Sport und Ehescheidung, was man auch als »Kollektivphänomen« bezeichnet. Vgl. im Einzelnen: Monica L. Wang, Lori Pbert und Stephanie C. Lemon, »Influence of Family, Friend and Coworker Social Support and Social Undermining on Weight Gain Prevention among Adults«, in: *Obesity* 22, Nr. 9 (September 2014), S. 1973–1980, https://doi.org/10.1002/oby.20814; Derek M. Griffith, Andrea King und Julie Ober Allen, »Male Peer Influence on African American Men's Motivation for Physical Activity: Men's and Women's Perspectives«, in: *American Journal of Men's Health*, 15. November 2012, https://doi.org/10.1177/1557988312465887; Rose McDermott, James H. Fowler und Nicholas S. Christakis, »Breaking Up Is Hard to Do, Unless Everyone Else Is Doing It Too: Social Network Effects on Divorce in a Longitudinal Sample«, in: *Social Forces* 92, Nr. 2 (Dezember 2013), S. 491–519, https://doi.org/10.1093/sf/sot096.

[36] Vgl. *Die Mönchsregel des heiligen Benedikt*, S. 75.

[37] Zu diesen beiden Zeichen vgl. Alison Ray, »Silence Is a Virtue: Anglo-Saxon Monastic Sign Language«, in: British Library, *Medieval Manuscripts Blog*, 28. November 2016, https://blogs.bl.uk/digitisedmanuscripts/2016/11/silence-is-a-virtue-anglo-saxon-monastic-sign-language.html. Auch wenn so-

wohl hörende als auch gehörlose Menschen heutzutage das Zeichen für Seife vermutlich verstehen würden, haben die Begriffe nichts mit der modernen offiziellen Zeichensprache gemeinsam.

38 *Die Mönchsregel des heiligen Benedikt*, S. 82.

39 James Morton (Hg. u. Übers.), *The Ancren Riwle: A Treatise on the Rules and Duties of Monastic Life*, London 1853, S. 89.

40 *Die Mönchsregel des heiligen Benedikt*, S. 70.

41 Vgl. Miranda Olff, Willie Langeland und Berthold P. R. Gersons, »Effects of Appraisal and Coping on the Neuroendocrine Response to Extreme Stress«, in: *Neuroscience and Biobehavioral Reviews* 20 (2005), S. 460 f.; Paul T. Bartone, Gerald P. Krueger und Jocelyn V. Bartone, »Individual Differences in Adaptability to Isolated, Confined, and Extreme Environments«, in: *Aerospace Medicine and Human Performance* 89, Nr. 6 (2018), S. 540, https://doi.org/10.3357/AMHP.4951.2018.

42 Damit positive Affirmationen mehr Gewicht erhalten, sollten Sie daran denken, wie sie sich schon einmal bewahrheitet haben. Wie Mönche, die darauf verweisen können, dass ihnen in der Vergangenheit vergeben wurde (sodass sie dasselbe auch für die Zukunft erwarten dürfen), wissen auch wir, dass wir etwas schaffen, weil wir es auch schon früher geschafft haben. Das wird uns helfen, an unsere Affirmationen zu glauben, und künftigem Erfolg den Weg bereiten. Vgl. Tal Ben-Shahar, *Choose the Life You Want: The Mindful Way to Happiness*, New York 2012, S. 266.

43 Vgl. Dorie Clark und Seth Godin, »How to Succeed at Creative Work«, YouTube-Video 3. Dezember 2020, 4.00, aufgenommen für die *Newsweek*-Reihe *Better*, https://www.youtube.com/watch?v=yaNrcAb-7kg.

44 Allerdings räumte Benedikt ein, dass die *Regel* nicht in allen klösterlichen Dingen das letzte Wort sei. Jede Niederlassung sollte ihre eigenen Traditionen haben, und in Sonderfällen konnten Ausnahmen gemacht werden. Andererseits war die Regel eindeutig als das *erste* Wort zu den Richtlinien für die Gemeinschaft gedacht.

45 *Die Mönchsregel des heiligen Benedikt*, S. 1.

[46]   James Clear weist mit überzeugenden Argumenten nach, dass zielführende Verhaltensweisen an Identität gebunden sind und dass Rituale dabei helfen. Vgl. Clear, *Die 1%-Methode, minimale Veränderung, maximale Wirkung*, München 2020. Tal Ben-Shahar stellt diese selbstbejahenden Rituale als wichtigen Beitrag zu unserer allgemeinen Zufriedenheit als Menschen heraus. Vgl. Tal Ben-Shahar, *Glücklicher. Lebensfreude, Vergnügen und Sinn finden*, München 2012.

[47]   *Die Mönchsregel des heiligen Benedikt*, S. 40.

Kapitel 3: Der Blick nach innen

[48]   Morton, *Ancren Riwle*, S. 161.

[49]   Lady Julian of Norwich, *Offenbarungen von göttlicher Liebe*, übers. von Elisabeth Strakosch, Einsiedeln 1960, S. 33.

[50]   Caesarius von Heisterbach, Dialogus Miraculorum. Dialog über die Wunder, übers. u. komm. von Nikolaus Nösges und Horst Schneider, Turnhout 2009, S. 309.

[51]   Lady Julian of Norwich, *Offenbarungen*, S. 35.

[52]   Die positiven Auswirkungen von Meditation sind ausführlich erforscht. Eine gute Zusammenfassung der einschlägigen Literatur, die auch die anscheinend beständigen Veränderungen der Hirnfunktion behandelt, bieten Daniel Goleman und Richard Davidson in ihrem Buch *Altered Traits: Science Reveals How Meditation Changes Your Mind, Brain, and Body*, New York 2017. Zur dreiminütigen Atemübung siehe Mark Williams, John Teasdale, Zindel Segal und Jon Kabat-Zinn, *Der achtsame Weg durch die Depression*, Freiburg i. Br. 2007.

[53]   Zit. nach *Frühes Mönchtum im Abendland*, eingel., übers. und erkl. von Karl Suso Frank, Bd. 1: *Lebensformen*, Zürich und München 1975, S. 276 f.

[54]   Nach Überzeugung mittelalterlicher Christen waren die Informationen durchaus förderlich, auch wenn die Quellen nicht christlicher Natur waren, wie es der heilige Augustinus verfügte. Für einen eingehenderen Blick auf islamisches Gedankengut hinter Klostermauern sowie die Verquickung von

al-Chwarizmis Namen mit dem Wort »Algorithmus« siehe Falk, *The Light Ages*, S. 96 und 32.

55 Clark, *Observances*, S. 63 und 59.

56 Ebd., S. 167.

57 *Die Mönchsregel des heiligen Benedikt*, S. 91.

58 Eine der berühmtesten Leserinnen der Welt führt ihren Erfolg zu einem großen Teil auf ihr vieles Lesen zurück: »Ich weiß wirklich nicht, wo ich heute wäre oder was ich wäre, ohne das unverzichtbare Werkzeug des Lesens ... Es versetzt dich in die Lage, auf höhere Ebenen zu gelangen. Und immer weiter zu klettern.« Winfrey, *What I Know for Sure*, New York 2014, S. 26.

59 Vgl. Walter Isaacson, *Steve Jobs*, München 2011, S. 63 f.

60 Tal Ben-Shahar bringt es kurz und bündig auf den Punkt: »Glück findest du nur, nachdem du dir erst einmal gestattet hast, unglücklich zu sein«, in: Dorie Clark und Tal Ben-Shahar, »Happiness, Mental Health, and the Holidays«, YouTube-Video 17. Dezember 2020, 20.23, aufgenommen für die *Newsweek*-Reihe *Better*, https://www.youtube.com/watch?v=owRGyXpetUA.

61 Morton, *Ancren Riwle*, S. 339

62 Eine gut lesbare Einführung in dieses Phänomen, die auch einige relevante Studien vorstellt, ist Amelia Aldaos Artikel »Why Labeling Emotions Matters: An At-Home Experiment on Emotion Labeling«, in: *Psychology Today* 4. August 2014, https://www.psychologytoday.com/us/blog/sweet-emotion/201408/why-labeling-emotions-matters.

63 Vgl. Clark, *Observances*, S. 121 sowie Sara McDougall, »Bastard Priests«, in: *Speculum* 94, Nr. 1 (Januar 2019), S. 146.

64 Das Phänomen ist schon von vielen Mittelalterforschern behandelt worden, darunter auch Caroline Walker Bynam und Rudolph M. Bell. Ob wir nun diese spezielle Bezeichnung für angemessen halten oder nicht, eine Verbindung zwischen Spiritualität und Essstörungen ist auch heute noch erkennbar, wie die vielen Webseiten über mögliche Therapien belegen.

65 Caesarius, *Dialog*, S. 203.

66 Dieser Punkt ist etwas knifflig, denn gelegentlich sollte jemand durchaus bloßgestellt werden, damit seine Sünden bereinigt werden konnten, wie es bei den Mönchen im Kapitelsaal gemacht wurde. In anderen Fällen ist es dagegen nicht ratsam, da dies den Beichtvater beeinflussen könnte. Das veranschaulicht Caesarius mit einer Geschichte über einen Priester, dessen Konkubine eine Affäre mit einem anderen Mann hat. Als dieser Mann die Affäre beichtet, versündigt sich der Priester, indem er ihm aus dem Verlangen heraus, die beiden zu entzweien, eine zu harte Buße auferlegt. Vgl. Caesarius, *Dialog*, S. 601.

67 Ebd., S. 907 ff.

68 Als Anachoretin galt Juliana im Grunde genommen ohnehin als tot, nachdem sie sogar als Teil des Einmauerungsrituals eine spirituelle Bestattung erfahren hatte. Schriften wie die *Ancren Riwle* vermerken, dass es doch seltsam wäre, wenn sich die Toten mit den Lebenden verbrüderten. Vielleicht war Juliana ja auch der Ansicht, dass die Toten keinen Ruhm mehr für ihre Schriften einheimsen können.

69 Clark, *Observances*, S. 87.

70 Vgl. Ben-Shahar, *Glücklicher*, S. 10.

71 Caesarius, *Dialog*, S. 739.

72 Clark, *Observances*, S. 205 ff.

73 Morton, *Ancren Riwle*, S. 229.

74 Vgl. Ben-Shahar, *Glücklicher*, Olff, Langeland und Gersons, »Effects«, S. 460 f. sowie Bartone, Krüger und Bartone, »Individual Differences«, S. 540. In zahlreichen Studien hat sich das Grübeln als Beeinträchtigung der geistigen Gesundheit und der allgemeinen Stimmung erwiesen. Katie A. McLaughlin und Susan Nolen-Hoeksema zufolge »macht es einen erheblichen Teil der Grauzone zwischen Depression und Missstimmung sowohl bei Jugendlichen als auch bei Erwachsenen aus«. Vgl. McLaughlin und Nolen-Hoeksema, »Rumination as a Transdiagnostic Factor in Depression and Anxiety«, in: *Behaviour Research and Therapy* 49, Nr. 3 (März 2011), S. 186–193, https://doi.org/10.1016/j.brat.2010.12.006.

Kapitel 4: Der Blick nach draußen

[75] Vgl. Nicholas Orme, *Medieval Children*, New Haven, CT, 2003, S. 227.

[76] Clark, *Observances*, S. 175.

[77] Vgl. Orme, *Medieval Children*, S. 227.

[78] Vgl. Levi Roach, »Forgeries in the Middle Ages with Levi Roach«, in: *The Medieval Podcast*, produziert von Danièle Cybulskie, 18. Februar 2021, https://themedievalpodcast.libsyn.com/forgeries-in-the-middle-ages-with-levi-roach.

[79] Jocelin, *Chronicle*, S. 36.

[80] Ebd., S. 94–97.

[81] In vielen Fällen war gar keine Rathausuhr notwendig, da das Geläut der Kirchenglocken ohnehin alle in Hörweite auf dem Laufenden hielt.

[82] Im Lauf der Jahrhunderte hielten die Mönche mittels Uhren, Astrolabien und anderer Methoden nicht nur die Zeiten für die Stundengebete, sondern zunehmend auch die Zeiten im Stundentakt nach dem inzwischen weltweit geltenden Standard nach. Eine lesenswerte und gründliche Übersicht über die Zeitmessung sowie die vielen anderen Fälle, in denen wissenschaftliche Innovation und klösterliches Leben und Gedankengut im Mittelalter Hand in Hand gingen und damit die Grundlage für die Kultur der Moderne legten, bietet Falk in *The Light Ages*.

[83] Vgl. Carole Rawcliffe, »A Marginal Occupation? The Medieval Laundress and Her Work«, in: *Gender and History* 21, Nr. 1 (April 2009), S. 151, https://doi.org/10.1111/j.1468-0424.2009.01539.x.

[84] Vgl. Carole Rawcliffe, *Urban Bodies: Communal Health in Late Medieval English Towns and Cities*, Woodbridge 2013, S. 313–339 sowie Orme, *Medieval Children*, S. 86.

[85] Auch Nonnen schufen Manuskripte, wie die Entdeckung von blauen Farbresten an den Zähnen einer Nonne aus dem Mittelalter beweist. Vgl. Anita Radini, Monica Tromp, Alison Beach, E. Tong, Camilla Speller, Michael McCormick, J. V. Dudgeon, Matthew Collins, F. Rühli, Roland Kroeger und

Christina Warinner, »Medieval Women's Early Involvement in Manuscript Production Suggested by Lapis Lazuli Identification in Dental Calculus«, in: *Science Advances* 5, Nr. 1 (Januar 2019), https://doi.org/10.1126/sciadv.aau7126.

[86] Für eine ausführlichere Analyse mittelalterlicher Manuskripte und ihrer Herstellung vgl. Christopher de Hamel, *Medieval Craftsmen: Scribes and Illuminators*, Toronto 1992.

[87] Wie Jack Hartnell es ausdrückt: »Der Mund war die entscheidende Kontaktstelle, damit das Heilige hin- und herfließen konnte.« Vgl. Hartnell, *Medieval Bodies: Life and Death in the Middle Ages*, New York 2018, S. 75.

Kapitel 5: Alles in Maßen, auch die Mäßigung

[88] Morton, *Ancren Riwle*, S. 219.

[89] Caesarius, *Dialog*, S. 783.

[90] Morton, *Ancren Riwle*, S. 423.

[91] Clark, *Observances*, S. 131.

[92] *Die Mönchsregel des heiligen Benedikt*, S. 130.

[93] Vgl. *Kerr, Life in the Medieval Cloister*, S. 122 f.

[94] *Die großen Ordensregeln*, S. 128.

[95] Vgl. Noëlle Phillips, *Craft Beer Culture and Modern Medievalism: Brewing Dissent*, Leeds 2020, S. 29.

[96] Brigida vermochte es auch, aus Nesseln Butter und aus Baumrinde Speck zu machen. Zu diesen Wundern sowie dem Badewasserbier siehe Mary Wellesley, »Exploding Eyes, Beer from Bathwater and Butter from Nettles«, British Library, *Medieval Manuscripts Blog*, 1. Februar 2016, https://blogs.bl.uk/digitisedmanuscripts/2016/02/exploding-eyes-beer-from-bath-water-and-butter-from-nettles-the-extraordinary-life-of-brigid-of-kild.html. Vgl. auch Phillips, *Craft*, zum See aus Bier (S. 22 f.), Thomas Becket (S. 28 f.) sowie für eine ausführliche Erörterung der klösterlichen Bierkultur damals und heute.

[97] Clark, *Observances*, S. 155 und 185.

[98] Vgl. Phillips, *Craft*, S. 30.

99 Theodore of Tarsus, »The Penitential of Theodore«, in: Patrick J. Geary (Hg.), *Readings in Medieval History*, Peterborough 1989, S. 277.

100 Die Klosterregel von Barnwell empfiehlt, dass Mönche mit einem Kater sich einige Zeit freinehmen sollten für die gleiche entspannende Behandlungsmethode, wie sie gegen Niedergeschlagenheit (Kapitel 3) vorgesehen war. Vgl. Clark, *Observances*, S. 207.

101 Vgl. Phillips, *Craft*, S. 31.

102 Vgl. David Bevington, *Medieval Drama*, Boston 1975, S. 26–29, und Falk, *The Light Ages*, S. 181.

103 Vgl. Max Harris, *Sacred Folly: A New History of the Feast of Fools*, Ithaca 2011, S. 54–62.

104 Clark, *Observances*, S. 49.

105 Tal Ben-Shahar vergleicht das mit dem Muskelaufbau: Erholungszeit ist unverzichtbar, um wirksam mit Stress umgehen und produktiver sein zu können. Vgl. Clark und Ben-Shahar, »Happiness, Mental Health«, 12.22.

Ad meliora

106 Vgl. Ben-Shahar, *Glücklicher*.

Die sokratische Methode

Ward Farnsworth

Vor etwa 2500 Jahren schrieb Platon eine Reihe von Dialogen, die Sokrates im Gespräch mit Schülern darstellen. Seine Gesprächs-führung zeichnet sich durch das Bestreben aus, durch geeignete Fragen zu ermöglichen, Irrtümer selbst herauszufinden und so das Erkenntnispotenzial zu aktivieren. Bekannt als die sokratische Methode, ist sie bis heute eine der berühmtesten Techniken des philosophischen Diskurses. Ward Farnsworth macht die sokrati-sche Methode für jeden an Philosophie Interessierten leicht zugänglich. Er erklärt anhand zahlreicher Originalzitate, wie sie funktioniert und warum sie in unserer Zeit mehr denn je von Bedeutung ist: nämlich als alltägliche Tätigkeit, um den großen Fragen des Lebens auf den Grund zu gehen.

m-vg.de/qr/bLvw3

368 Seiten | Hardcover | 20,00 € (D) | ISBN 978-3-95972-577-4

365 tägliche Inspirationen

Robin Sharma

Mit seinem Buch *Der Mönch, der seinen Ferrari verkaufte* erlangte Robin Sharma weltweit Bekanntheit. In diesem Werk destilliert er die kraftvollsten Ideen aus seinen internationalen Bestsellern in ein leicht zu lesendes, immerwährendes Kalenderformat, das jeden Tag zu einem Geniestreich macht. Die 365 täglichen Inspirationen zeigen, wie exponentieller Erfolg, die Überwindung von Widrigkeiten und Enttäuschungen, der Aufbau bemerkenswerter Beziehungen funktionieren können. Es ist gleichsam ein lebenslanger Begleiter auf dem Weg, ein außergewöhnlicher Mensch zu sein – um ein Leben zu führen, auf das man stolz sein wird.

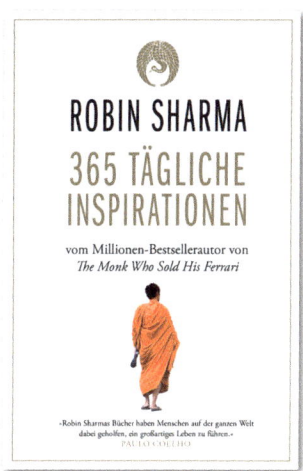

m-vg.de/qr/bLvwD

400 Seiten | Hardcover | 22,00 € (D) | ISBN 978-3-95972-611-5

Mit Zen durch das Jahr

Bonnie Myotai Treace

Die Praxis des Zen-Buddhismus mit dem Führen eines Tagebuchs zu verbinden, ist ein effektiver Weg, achtsam zu leben und Stress loszulassen. Das Buch führt Neulinge in der Kunst des Zen ebenso wie erfahrene Praktiker durch 52 Wochen mit Tagebuchanregungen und Schreibübungen, die zu Selbsterkundung, Reflexion und Achtsamkeit inspirieren. Wer sich die Zeit nimmt, unter der Anleitung der erfahrenen Zen-Lehrerin Bonnie Myotai Treace Tagebuch zu führen und zu meditieren, schafft sich ein Instrument, das das körperliche, kreative und intellektuelle Wachstum anregt. Wunderschön gestaltet, mit zahlreichen Illustrationen von Verónica Collignon zum Thema der vier Jahreszeiten Frühling, Sommer, Herbst und Winter.

m-vg.de/qr/bLvvx

176 Seiten | Softcover | 15,00 € (D) | ISBN 978-3-95972-549-1

Marcus Tullius Cicero: Über die Kunst des Nachdenkens über Gott

Philip Freeman, Nicole Hölsken, Marcus Tullius Cicero

Was dachten die Stoiker über das Prinzip »Gott«? In diesem Band stellt Philip Freeman Ciceros *Vom Wesen der Götter* und *Der Traum des Scipio*, Schriften, die in über 2000 Jahren nicht an Bedeutung verloren haben und Persönlichkeiten wie Thomas von Aquin, Dante oder Thomas Jefferson beeinflusst haben, in einer völlig neuen Übersetzung vor. Zusammen mit einer informativen Einleitung und dem lateinischen Originaltext bildet das Buch einen faszinierenden Einblick in die stoischen Konzepte des Göttlichen.

m-vg.de/qr/bLvsG

160 Seiten | Hardcover | 18,00 € (D) | ISBN 978-3-95972-390-9

Die Kunst, trotz Mühsal gut zu leben

Der Philosoph Musonius Rufus (30–102 n. Chr.) war einer der einflussreichsten Lehrer seiner Zeit, der römischen Kaiserzeit, und seine Botschaft ist noch heute verblüffend aktuell. Er sagt: »Philosophie ist nichts anderes, als mit der Vernunft herauszufinden, was richtig und angemessen ist, und es mit Taten in die Praxis umzusetzen.« Und er gibt zahlreiche sehr praktische Hinweise für alle Bereiche des Lebens: vom Ehe- und Familienleben, Sexualleben und Erziehung über Ernährung, Kleidung und Wohnen bis hin zum Haarschnitt. Diese Sammlung von Musonius Rufus' Weisheiten bietet dem Leser Zugang zu den Gedanken eines der wichtigsten stoischen Denker der Geschichte.

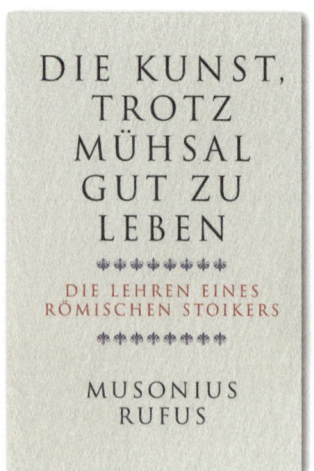

m-vg.de/qr/bLvuB

144 Seiten | Hardcover | 16,00 € (D) | ISBN 978-3-95972-497-5

Die Lehren der Geschichte

Will Durant

Mit *Die Lehren der Geschichte* haben die Historiker und Pulitzer-Preisträger Will und Ariel Durant eine kompakte und meisterhafte Bestandsaufnahme der Kultur und Zivilisation der Menschheit geschaffen. In ihrem anschaulichen Kompendium der Philosophie und des sozialen Fortschritts, Teil ihres elfbändigen Werks *The Story of Civilization* mit mehr als zwei Millionen verkauften Exemplaren, reisen die Autoren durch 5000 Jahre Menschheitsgeschichte. Großen Ideen, Genies und Errungenschaften stellen sie die dunklen Seiten der Geschichte gegenüber und machen damit die Bedeutung für unsere Gegenwart deutlich.

m-vg.de/qr/bLvsi

144 Seiten | Hardcover | 14,99 € (D) | ISBN 978-3-95972-368-8

Die Kunst des erfolgreichen Lebens

Rainer Zitelmann

Wie lassen sich Weisheiten von großen Persönlichkeiten im All-
tagsleben dazu nutzen mehr Erfolg zu haben? Bestsellerautor
Rainer Zitelmann hat über 200 Aphorismen und Zitate aus 2500
Jahren zusammengetragen und kommentiert - von Konfuzius
und Laotse über Goethe bis zu Steve Jobs und Warren Buffett. Die
Themen sind u.a. „Selbstvertrauen gewinnen", „Entscheidungen
treffen" oder „Gesund denken und leben". Am Ende von jedem
Kapitel gibt er dem Leser mit einem 20-Wochen-Erfolgsprogramm
Handlungsanleitungen zur Umsetzung Schritt für Schritt.

m-vg.de/qr/bLvq6

352 Seiten | Hardcover | 24,99 € (D) | ISBN 978-3-95972-244-5